本书获教育部人文社会科学研究青年基金项目资助
（老年人长期照护制度与社会支持网络研究，项目批准号：12YJC840031）
中央民族大学“双一流”建设项目资助

中央民族大学管理学文库

基于社会支持网络视角的老年人长期照护制度研究

——以欠发达城市 S 市为例

Research on Long-Term Care Policy for the Elderly from the Perspective of Social Support Network:

A Case Study of An Underdeveloped City

施巍巍◆著

中央民族大学出版社
China Minzu University Press

图书在版编目（CIP）数据

基于社会支持网络视角的老年人长期照护制度研究——以欠发达城市 S 市为例／施巍巍著．—北京：中央民族大学出版社，2019.11

ISBN 978-7-5660-1444-3

Ⅰ．①基…　Ⅱ．①施…　Ⅲ．①老年人—护理—福利制度—研究—中国
Ⅳ．①D632.1

中国版本图书馆 CIP 数据核字（2017）第 251876 号

基于社会支持网络视角的老年人长期照护制度研究——以欠发达城市 S 市为例

作　　者　施巍巍
责任编辑　杨爱新
责任校对　赵　静
封面设计　舒刚卫
出 版 者　中央民族大学出版社
　　　　　北京市海淀区中关村南大街 27 号　　邮编：100081
　　　　　电话：(010)68472815(发行部)　　传真：(010)68932751(发行部)
　　　　　　　　(010)68932218(总编室)　　　　　(010)68932447(办公室)
发 行 者　全国各地新华书店
印 刷 厂　北京建宏印刷有限公司
开　　本　787×1092　1/16　印张：11.25
字　　数　244 千字
版　　次　2019 年 11 月第 1 版　2019 年 11 月第 1 次印刷
书　　号　ISBN 978-7-5660-1444-3
定　　价　48.00 元

目　录

导论

第一节　研究背景①

人口老龄化是指一个地区老年人口占总人口的比例不断增长的过程，反映的是人口年龄结构的特征和效应，其实质是发展问题。人口老龄化所带来的一个重要问题是："倘若我老了，生活难以自理了，能否得到社会的帮助？能否有质量、有尊严地生活？"为此，如何应对因人口老龄化导致的长期照护社会风险，已经成为世界各国亟须解决的重要民生问题。Pifer（1986：3）曾经断言："人口老龄化继续发展下去所产生的冲击不亚于全球化、城市化、工业化等人类历史上任何一次伟大的经济与社会革命。"发达国家在人口老龄化的重压之下，在解决养老问题的实践中，逐渐认识到要保障老年人平稳、幸福地度过晚年，仅仅有经济保障和医疗保障还远远不够，在此基础上还必须形成一个能够不断满足老年人日常的、大量的、复杂的长期照护需求的制度体系。为此，欧美各国以及部分东亚国家在出台养老保险和医疗保险制度的基础上，纷纷建立起适合本国国情的老年人长期照护制度来应对这一日益增长的需求，有效化解由长期照护引发的社会风险，保持了社会的和谐稳定。如英国自20世纪70年代起，倡导长期照护政策；20世纪末到21世纪初，德国、日本、韩国纷纷建立长期照护保险制度。老年人长期照护随着各国人口老龄化问题的日益严重，已经成为社会福利、社会政策、公共服务中又一重要的研究领域。

老年人作为社会人，在社会生活中需要各种社会服务（董红亚，2012）。老年人长期照护问题是养老服务的核心问题。长期照护服务既包括老年人日常需要的生活照护服务和社会服务，也包括专业性的护理服务和医疗服务，主要目的是向自我照护能力欠缺的老年人提供照护服务，来满足老年人对生活、生理及心理上的各种复杂、异质性的需求，以提高老年人的生活质量。目前运行的社会养老保险和医疗

---

① 本节部分内容已发表于施巍巍. 人口老龄化的经济社会对策研究［J］. 中共中央党校学报，2012（06）：81-84.

保险制度的主旨是化解老年人的基本生活风险和医疗风险，不可能化解长期照护风险。

长期照护作为养老保障的重要内容，其重要性随着我国人口老龄化程度的逐步加深正在不断凸显：一方面，随着人们生活水平的提高、现代医疗技术的进步，老年人的寿命不断延长；另一方面，随着老年人年龄的增长，各项生理机能不断减退，生活自理能力逐步下降。由此可见，要让老年人有一个幸福的晚年，还需要大力发展老年人长期照护服务。实践证明，经济支撑和服务保障是确保老年人晚年幸福的两个“轮子”。

我国是世界上少有的老年人口多、老龄化速度快的未富先老国家。数据显示，我国老年人口正以每年3%的速度增长，年均增加约1000万老年人口。2014年65岁及以上人口达到了1.38亿，占总人口的10.1%；预计到2020年，将达到2.43亿；到2025年，将突破3亿；到2050年，我国60岁及以上的老年人口将达到4.5亿，占总人口的30%。目前，我国有失能半失能老年人口3750万，占老年人口总数的19%；到2025年，需要长期照护的老年人将达到4500万（于学军，2010：3），到2050年将升至1亿，存在着巨大的潜在社会需求。纵观一些国家，大都是在人均收入比较高的基础上进入人口老龄化社会，如日本在老龄化比例达到10%和14%时的人均GDP分别为11 335美元、38 555美元（张东伟，2010：292）。这些国家大多经历了一个较长时期的社会财富积累过程，相继完成了社会转型、经济发展方式转变、城市化改造和社会保障体系建立与完善等促进社会发展的历史性任务，由此为适应人口老龄化创造了必要的条件，特别是健全的社会保障体系及老年人社会支持网络，为老年人提供了完备的社会化服务，有效化解了人口老龄化带来的一系列社会问题。可见，发达国家的老龄化与财力、资源、社会支持网络及环境之间较为协调、互相促进。而中国作为发展中国家，自1999年开始进入老龄化社会以来，老龄化速度是发达国家的两倍（常红，2012），有着与发达国家不同的国情，在化解长期照护社会风险中存在诸多困难，其主要表现在：

1. 社会的发展变迁，使我国解决老年人长期照护供需矛盾的困难程度不断提高

伴随着老龄化和经济社会的发展以及家庭规模的日益缩小，“4-2-1”家庭结构普遍存在，“空巢”家庭日益增多，目前我国的“空巢”家庭占比已升至13.2%（黄润龙，2011：24），到2025年65岁及以上单身老年人家庭数量将突破2000万户（于学军，2010：48）。应该看到，在计划经济时代，我国养老保障在城市是以“单位+家庭”的形式存在，具体以家庭为主要形式，养老以血缘为纽带，家庭主导养老，几代同堂大家庭有着明显的养老优势。在农村则是“集体+家庭”承担着养老保障的重任，与城市一样以家庭为主导。由此形成了以家庭为核心的、稳定可靠的老年人社会支持网络，保障着老年人的生活。计划生育政策的实施、改革开放、人口的大规模流动，打破了这种传统的有浓厚计划经济色彩的养老格局，意味着原有的老年人社会支持网络被破坏，老年人从家庭、社会

获得支持的力度减弱、渠道阻塞，而新的适应需求的老年人社会支持网络还没有形成。目前所出现的资源匮乏、网络破损、制度缺失、责任不到位等问题，使老年人的长期照护需求无法得到满足，给家庭、子女、社会、政府造成了巨大的经济负担与道德压力。

2. 发展的不平衡，使我国化解长期照护社会风险的任务异常艰巨

其一是我国东西部地区老龄化发展不平衡。以往我国东部沿海经济发达地区和大中城市（如广东、浙江、上海、北京等发达地区）的老龄化程度较高。如上海早在1979年就进入老龄化阶段；而西部地区的宁夏2012年才进入老龄化阶段。但随着中西部地区青壮年大量流入东部地区，我国老龄化东高西低的格局正在发生改变。其二是城市与农村老龄化发展不平衡。农村人口老龄化的程度已经达到15.4%，比全国13.26%的平均水平高出2.14个百分点（卫敏丽等，2011）。城乡老龄化程度严重倒置是我国老龄化的典型特征。其三是不同地区、城市与农村老龄化所依赖的经济基础不平衡。东部部分省份的GDP总量已超过万亿元，而西部地区几个省份加总还未超过万亿元。地区间经济发展的不平衡，使我国一时不可能像西方发达国家那样制定全国统一的、体现公平正义的老年人长期照护政策。

3. 高龄失能老年人口规模大，使我国老年人长期照护的需求与供给矛盾突出

数据显示，我国80岁以上高龄老年人口将从2000年的119万增长到2050年的9448万，接近1亿（王东亮，2012），而失能半失能老年人到2050年将达到1亿（于学军，2010：3），巨大的长期照护需求是不争的事实。如果参照日本失能老年人与照护者的比例为3：1的标准估算，仅此一项需要的照护人员就近千万。应该看到随着老年人寿命的延长，相应的需要长期照护的老年人也逐渐增多。例如，老年人易患老年痴呆、心脏病、高血压、半身不遂等相关病症，导致长期照护需求上升。由国际阿尔茨海默病协会等机构委托完成的《2013年世界阿尔茨海默病报告》显示，中国老年痴呆症的发病率已经与国际水平持平，据估算，患病人数已经达到800万到1000万。这种病症给老年人带来巨大的压力，给家庭带来沉重的负担。由于老年痴呆症的显著症状是记忆力丧失以及思维、学习、理解、语言能力的严重退化和功能紊乱，往往需要一天24小时的护理与陪伴，给家庭带来巨大的压力。《2013年世界阿尔茨海默病报告》认为，全球范围内60岁及以上人群中，13%的人需要长期护理。我国目前有近千万患有这种病症的患者。据估算，需要个人护理的老年人中约有一半的人患有阿尔茨海默病。[①] 而从养老服务供给水平重要标志的养老床位来看，2015年，机构、社区等养老床位合计达到584.0万张，每千名老年人

① 我国阿尔茨海默病患者近千万，需建立更完善的长期照护体系［EB/OL］. 新华网，2013-09-29［2016-01-03］. http：//news. xinhuanet. com/2013-09/29/c_ 117563641. htm.

拥有养老床位数为27.5张,① 低于发达国家每千人50张水平。显然，现有养老床位的拥有量不仅难以满足患老年痴呆病症患者的需求，更难以满足失能半失能老年人的需求。

4. 未富先老的国情，使我国应对长期照护社会风险所依托的经济基础比较薄弱

我国进入人口老龄化社会仅用了27年，当时人均国民生产总值仅为800美元（陈红，2010：282）。人均国民生产总值大大低于发达国家，显然我国的经济发展程度是与老龄化速度不相适应的。尽管经过30多年的发展，我国GDP达到了10万亿美元，人均GDP达到了7485美元,② 但因人口总量大，我国在世界上仍排在90名左右，仍然是一个发展中国家。发达的经济可以使老年人社会保障制度在充足财力的支持下进一步完善，与发达国家经历的由底部老龄化到顶部老龄化的漫长演变过程相比，由于受计划生育政策影响和人口预期寿命延长，我国的老龄化将受到底部老龄化与顶部老龄化的同时“夹击”（原新，2007），必将使老年人长期照护需求问题更为突出。加上财富积累过程较短、公共服务基础薄弱，导致我国可提供给老年人的福利有限。经济基础的薄弱成为制约化解老年人长期照护社会风险的“瓶颈”。

从以上分析可以看出，我国老年保障体系及社会支持网络的建立与完善面临着极其复杂的困难局面。我国低生育率、少子化、家庭功能不断弱化、空巢、核心家庭增多的社会现实，使化解老年长期照护这一社会风险的任务极为迫切。特别是我国东部、西部地区经济发展不均衡，一些发达城市，如北京、上海的经济发展已接近或者达到发达国家的水平；而另一些欠发达城市的经济发展水平相对落后，并且随着劳动力持续向发达地区迁移，进一步推动了这些地区的人口老龄化，加剧了养老服务的供需矛盾。但现实中，我国社会财富积累不足，国力有限，意味着国家作为正式社会支持主体，难以在短期内实现社会财富的快速积累，投入巨大的财力、物力快速发展长期照护服务。在这种经济发展、人口结构不平衡的格局下，如何立足现实，从实际需求出发，解决长期照护的社会发展难题，对我国乃至世界解决老龄化问题都有着非凡的意义。

第二节　研究意义

养老保障作为一项系统工程，是由服务、医疗、护理等多个子系统构成的，其

① 中国每千名老年人拥有养老床位27.5张［EB/OL］. 新华网，2015-04-29［2016-01-03］. http：//news. xinhuanet. com/politics/2015-04/29.

② 中华人民共和国国家统计局. 中国统计年鉴2015［J］. 中国统计出版社，2015.

中任何一个子系统的缺失或问题不能得到合理的解决都将从总体上影响我国社会保障体系的建设。进入21世纪，我国老龄人口的大规模快速增长，带动老龄化社会的快速发展及老年需求的大幅增加，其中高龄老年人口的增长速度，高于低龄老年人口的增长速度，导致失能、半失能老年人队伍不断扩大，必然会对养老资源的吸纳、配置产生巨大的影响。失能、半失能老年人是老年人口中最弱势、最困难、最需要被照护的老年群体，是养老服务的重中之重。解决老年人的长期照护问题，既是社会广泛关注的养老服务民生课题中的核心问题，又是养老服务中面临的主要难题，能否解决好这一难题是我国老龄化社会所面临的最严峻挑战，事关老年人生活的质量、家庭的幸福、社会的文明发展与稳定和谐。

在传统的计划经济体制下，老年人的生活保障主要依靠以单位、集体和家庭为基础的社会网络支持。因此，单位、集体和家庭构成了养老保障所需的照护资源。单位关系网、血缘关系网成为决定老年生活质量的关键因素。改革开放所引发的社会变迁，对我国的经济体制和生活保障造成了巨大冲击，意味着在上述基础上形成的老年人社会支持网络不断弱化。而适应社会变迁的新的社会养老保障格局的建立和社会支持网络的形成需要一个发展过程。我国老年人口的快速增长与养老服务发展的滞后，加剧了养老服务供求矛盾。尽管家庭对老年人的支持力度在弱化，但以家庭为核心的老年人非正式社会支持网络在养老服务中仍然发挥重要作用，家庭在养老中的基础地位并没有动摇，在养老服务中仍有大的发展空间，可提供一定的资源。理论与实践证明，这些潜力和资源就存在于老年人的社会关系网络之中，社会支持网络对老年人的生活具有重要的保障作用。老年人通过社会支持网络获取资源，能够有效解决日常生活中的问题，维持和提高生活质量。同时，有利于个体与社会的互动，提高老年人抗衰老、预防疾病的能力；有利于丰富老年人的情感世界，增强幸福感；有利于弥补社会养老保障制度的缺失，化解老年人的后顾之忧；有利于维护社会的和谐稳定，增强国家向心力和民族自信心。但如果社会支持网弱化、破损或发展滞后，则会使老年人陷入孤立无援、求助无门、精神空虚、孤独寂寞的生活境地。因此，从社会支持网络的视角，探讨解决老年人长期照护问题的路径，重点分析与老年人长期照护相适应的社会支持网络特点，探讨家庭、社区、社会、政府等社会支持主体在与老年人长期照护相关的社会支持网中的作用，有益于老年人长期照护体系建设。

一、研究欠发达城市老年人长期照护问题的重要意义[①]

本书选取欠发达城市作为研究案例，是基于我国的欠发达城市及地区主要集中

① 部分内容已发表于施巍巍等．欠发达地区破解养老服务之困的路径选择与创新［J］．中国行政管理，2015（04）：94-98.

在中、西、北部。有的地区是老少边穷地区，有的是革命老区、老工业基地，其老年人口占全国老年人口的一半，国土面积占全国的80%。这部分城市及地区的老年人长期照护问题，是我国长期照护服务链条中最薄弱的环节，制约着我国基本养老服务均等化的实现，是解决长期照护供求矛盾的难点和重点。研究意义主要在于：

1. 多重因素的综合作用，使经济欠发达地区长期照护供需矛盾更为突出

主要表现在：一是在农村推力和城市吸力的双重作用下，欠发达地区大量18~26岁的青壮年流向经济发达地区，造成流出地总人口的缩减，使老年人口的比重不断攀升，扶养比进一步提高，呈现“哑铃型”人口结构。《中国流动人口发展报告2015》显示，“十二五”时期，我国流动人口年均增长约800万人，2014年年末达到2.53亿人，超过总人口的1/6。[①] 2000~2010年我国东部地区人口占全国总人口比重上升了32.5%，而中西部地区人口比例下降了7%，其中仅四川、湖北、重庆就累计输出人口796万（田城诗等，2013）。这必然会引发一系列社会问题，尤其会造成经济欠发达地区养老服务人力资源紧张。从表1中可以看到，尽管这些年东部沿海地区老年人口比重绝对值增加了2.83个百分点，但在全国总人口中老龄人口的份额却是缓慢下降的，这说明欠发达地区人口老龄化快于发达地区。二是经济欠发达地区大多远离经济发达的中心城市和交通便利的枢纽城市。地缘、历史及现实的原因造成欠发达地区经济发展缓慢，人均收入低，财政收入少，养老服务历史欠账多、包袱重。如有的地区在改革前作为老工业基地，产业工人相对集中，改革开放以后，产业结构发生重大变化，大量产业工人从原工作岗位上退下来，加快了该地区人口老龄化的发展速度，加大了养老服务的供求矛盾；有的地区因缺乏资源支持经济发展，难以拿出资金扶持养老服务业的发展；也有的地区远离经济发达的中心城市，没有搭上经济快速发展的列车，导致经济发展缓慢，公共服务基础薄弱。三是20世纪50年代出生的一代人口陆续进入老年阶段，他们也是20世纪70年代计划生育政策实施后的第一代独生子女的父母，这种双重动力不但促使人口老龄化提速，而且加重了社会负担。四是人们居住条件的改善、生活方式的改变和思想观念的变化，使子女与父母分开居住的家庭日益增多，拉大了空间距离，增大了家庭养老的难度。

表1　中国三大地带人口老龄化变动情况（%）

年份	指标	沿海地区	中部地区	西部地区
1990	老龄人口比重	6.16	5.23	5.20
	相对份额	46.85	32.49	20.66

① 中华人民共和国国家卫生和计划生育委员会，11月例行发布会材料：《中国流动人口发展报告2015》有关情况［EB/OL］. 2015-11-11［2016-12-15］. http://www.nhfpc.gov.cn/xcs/s3574/201511/07b8efe0246e4a59bd45d1fd7f4e3354.shtml.

续表

年份	指标	沿海地区	中部地区	西部地区
2000	老龄人口比重 相对份额	7.67 47.89	6.59 31.95	6.37 20.16
2010	老龄人口比重 相对份额	9.09 46.63	8.72 31.92	9.05 21.45

数据来源：王志宝，孙铁山，李国平．近20年来中国人口老龄化的区域差异及其演化［J］．人口研究，2013（1）：68.

2. 东西部经济发展的差距，使经济欠发达地区长期照护供求状况不断恶化

改革开放后，市场经济的不断推进使我国社会经济结构发生了剧烈的变化。东南沿海发达地区得益于地缘优势、国家政策的倾斜，产业快速发展，由此提供了大量的就业机会与较高的工资待遇，吸纳了中西部地区大量青壮年人口。资料显示，2010年我国东南沿海地区吸收了全国流动人口的56.86%，尤其是欠发达地区流向发达地区的人口仍处于个体和两代户阶段（段成荣等，2013），这就加重了欠发达地区的经济负担，影响了欠发达地区经济发展。人口资金持续地向发达地区积聚，不但使这些地区的经济迅速发展，而且也使其老年人口占比因外来人口的增加得以稀释，降低了发达地区人口负担系数，同时也进一步加大了西部地区的财政负担。人口大规模向发达地区流动直接造成劳动人口与赡养人口的空间分离，欠发达地区的子女到发达地区就业、安居、读书，使当地政府可以有效占用外来人口创造的价值增加财政收入，有了更多的人力、财力、物力投入到基本公共服务领域，使养老服务的境况得到改善。相反，欠发达地区因人口的流出较多，导致税源流失，财政收入增长缓慢，造成基本公共服务投入不足。

如表2所示，上海、北京、天津、浙江、江苏、福建的养老公共服务指数平均达到2.00以上，而广西、海南、西藏、贵州、陕西、云南仅达到约0.46，不到发达地区的四分之一。这说明我国地区间养老服务供给能力差异过大。欠发达地区老年人社会支持网络构成不合理、公共服务结构失衡加剧了欠发达地区长期照护的供需矛盾。

表2　2010年我国各省、直辖市、自治区的养老公共服务供给综合指数

发达地区省份的供给指数				欠发达地区省份的供给指数			
省份	供给指数	省份	供给指数	省份	供给指数	省份	供给指数
北京	2.8289	上海	3.3851	广西	0.3473	海南	0.1758
天津	2.8827	浙江	2.1221	西藏	0.3772	贵州	0.3857
江苏	1.6239	福建	1.4448	陕西	0.6615	云南	0.7211

数据来源：陈英姿，满海霞．中国养老公共服务供给研究［J］．人口学刊，2013（1）：25.

3. 人口大规模流动，进一步弱化了欠发达地区家庭对老年人照护的支持力度，加大了经济欠发达地区老年人对社会养老服务的需求

尽管近些年大规模的人口流动越来越显现出家庭化的特征，但因三代家庭占比小，他们中大多数人的父母因政策、制度和个人原因的限制和制约很难跟随子女一同生活，这种子女与父母的空间分离，产生了大量的留守老人、空巢家庭，缩小了家庭规模，进一步削弱了家庭的照护功能，加大了欠发达地区的老年人照护压力。最新研究成果表明，经济发展水平相对较低城市的老年人对子女的依赖比例要高于发达地区，子女在外工作的比例也高于发达地区（陈英姿等，2013）。这表明子女选择在经济发达地区就业会导致老年人对子女的可依赖性降低，而当地养老服务业的落后又使这些老年人可依赖的社会照护资源稀缺，易使老年人陷入生活困境。

4. 老年人照护需求的增加与照护供给能力的不足，使经济欠发达地区老年人生活堪忧

在欠发达地区老年人口规模较大，有着强劲的老年人照护需求，但其消费能力却是弱化的。受地区经济的影响，欠发达地区老年人及家庭富裕程度较低，个人能够支配的资金有限，这制约着老年人的消费欲望。而当地政府因财力所限，对养老服务建设投入不足和政策不配套，造成欠发达地区养老服务发展动力不足。同时，原有养老服务保障机制的瓦解，新的养老服务机制的不健全，政府与家庭养老能力的局限性，也阻碍着欠发达地区养老服务的发展。因此，欠发达地区急剧增长的老年人照护需求，如果得不到有效解决，就会形成一种社会风险。从这个意义上讲，解决欠发达地区老年人照护的困境，是缩小地区间差距、实现基本养老服务均等化、促进社会公平正义的需要，是保持社会和谐稳定、实现中国梦的需要。为此，党和政府已经出台了一系列相关政策措施，并已取得了成效，但要达到预期目标还有很长的路要走。欠发达地区如何依据本地实际情况走内涵式挖潜之路，需要新视角、新思路、新举措。

二、基于社会支持网络视角研究长期照护的必要性

社会支持网络理论是社会学的一个重要领域，是适应研究社会结构和社会关系需要而兴起的对社会关系结构及其属性加以分析的一套理论和方法。它主要研究由不同社会单位、集体、个人所构成的社会关系网络结构、特点及功能，是社会关系研究的一种新范式。

按照社会网络理论，人在社会中不是孤立的个体，而是生活在由若干个社会单元——小到个体、群体、组织、社区，大到区域、民族、国家与他们之间的社会关系构成的体系及社会网络中。社会资源就存在于社会网络之中，所以个体能够从所处的社会关系网络中获得物质和精神上等各种资源的支持，这种支持有益于个体解决困难、排除危机，提高生活质量和改善精神状态。不同的关系网络，会提供不同

的社会支持，因此，个体要保证生活质量，满足需求，就必须与多种多样的人保持社会关系（肖鸿，1999），从中获得大量的社会支持。个体在社会网络中的位置或者说在社会结构中的地位，制约、影响着个体在网络中资源的获得，从而影响其日常生活及情感世界。社会网络“强调人们的社会行为是由其社会网络关系和网络资源所决定的，而不是取决于行动者个人的内在属性和本质特征”（贺寨平，2004：4）。人们的生存机会表明，个体在社会网络中位置的不同，决定着个体对社会网络关系依赖的程度不同，折射出不同的社会网络地位所形塑的个体社会生存机会是不一样的，并有形无形地形塑了个体的人际关系、情感世界、生活状况。这使我们注意到，社会关系、网络结构、关系强度、个人位置等因素对相互信任、资源获取、信息传递、情感支持、人际关系等诸多中介变量有重要影响并对人的行为产生制约。

社会网络理论的个体网分析方法，强调个体在社会网络中的不同位置、网络的规模、强度与社会关系的不同，对个体和社会将产生不同的影响，这适用于描述与老年人长期照护需求相关的社会支持网的特点。因此，本研究课题尝试运用个体网的分析方法，分析与老年人长期照护需求相关的社会支持网特点。通过对与老年人长期照护需求相关的社会支持网的测度评估，分析原因，从社会支持网的视角，深入研究分析老年人的长期照护需求，力图找出符合老年人照护需求的最佳社会支持网络组合，以提高资源利用效能。同时，为建立长期照护制度提供有实证性、量化性、更贴近现实的参照系；以期研究如何在此基础上更好地整合社会正式与非正式支持照护资源，使长期照护制度的建立更有针对性、高效性、合理性。

社会支持网络的主体包括供给方和需求方，社会资源就是在二者之间交换的。本书中社会支持的需求方是有长期照护需求的老年人，供给方又分为正式的社会支持网和非正式的社会支持网。丘海雄等人（1998）在20世纪90年代就曾指出，我国社会支持网已经从一元向多元转变，即正式的社会支持网包括政府、企业、社区组织和市场；非正式的社会支持网包括了5种关系：血缘关系（自己与配偶的父母、兄弟姐妹及子女）、亲缘关系（自己及配偶的亲戚）、业缘关系（同事及同学）、地缘关系（邻里）和私人关系（朋友）。

以往的学者更注重对老年人非正式社会支持网的研究。但是随着我国相继出台针对老年人的各类养老服务社会福利政策，正式社会支持网在老年人的长期照护体系中日益重要。因此，如何利用与长期照护需求相关的非正式社会支持网特点，构建正式与非正式社会支持网相结合的、互补的、低成本的老年人长期照护社会支持网络就显得尤为重要。本课题在分析研究中发现，国际上和我国部分地区都有一些经济虽一时落后，但民生问题优先解决而最终推动经济发展的成功范例，这成为本课题的一个重要观察视角和优先着力点。因此，本研究将利用社会支持网这一分析工具，通过分析老年人长期照护供给主体中的非正式社会支持网的特点、存在的成因及其作用，论证阐述正式社会支持网的构建基础，并对现有社会支持体系中的照护内容、主体、政策执行结果做进一步研究。这样做具有如下的研究意义：

1. 发挥非正式社会支持网的作用，有利于避免照护资源的浪费

家庭作为非常重要的非正式社会支持主体一直是老年人重要的赡养资源。追溯老年人长期照护制度发展的历史，探究非正式社会支持网和正式社会支持网在老年人社会网络体系中的地位及相互作用、发展规律，有益于发挥二者优势，形成最佳组合，避免长期照护资源的重叠和浪费。这已被日本、英国等发达国家出现的去机构化、社区化运动证明，二者应该是互补关系而非替代关系。老年人长期照护非正式社会支持网络与正式社会支持网络的不协调和缺失，会造成沉重的财政负担和医疗等社会资源的浪费。如果政府盲目提供正式社会支持，必然会影响或替代、挤压非正式社会支持者的照护供给责任。政府怎样承担责任才能够与非正式社会支持网络更好地互动，是合理配置照护资源的重要条件，是值得探讨的问题焦点。

2. 整合社会支持网资源，有利于更好地制定我国老年人长期照护政策

我国正处于社会转型时期，原有的社会支持网体系已经被打破，而新的社会支持网体系尚在探索构建中（李强，1998）。计划生育政策实行30余年，所带来的“4-2-1”家庭结构逐渐凸显，加之人口流动率攀升等社会因素使得空巢家庭、核心家庭、少子家庭、特殊家庭（主要指鳏寡孤独家庭、独身家庭、未婚同居家庭）等家庭模式日益增多，而削弱了家庭对于老年人的社会支持。要应对这种变迁，只有对老年人的社会支持网进行评估，发现掌握老年人的需求，才能有效整合利用资源，有的放矢，建构起高效适用的长期照护体系。社会支持网络理论为认识、理解老年人的长期照护问题提供了一个新的视角。本书的研究旨在使我国长期照护政策的制定更加科学合理，使资源效能最大化。

三、所选案例城市概要

本研究所选择的案例城市为我国东北地区某省的第二大城市（简称为S市①），是该省西部地区的政治、经济、科技、文化教育、商贸中心和重要的交通枢纽，曾被国务院批准为全国十三个较大城市之一。城市总面积43 000平方千米，其中市区面积4295平方千米（2010年数据②）。S市自1994年开始进入人口老龄化城市行列，较全国进入老龄化社会提前了5年。根据S市民政部门统计数据显示，截止到2011年年底，全市户籍人口中60岁及以上的老年人口占户籍总人口的13.5%，人数达75.2万人；80岁及以上的高龄老年人口占总人数的11.3%，百岁以上老年人

① 为叙述方便，本研究用字母S代表所选的案例城市，简称为S市，下同。

② S市，百度百科，http://baike.baidu.com/view/3961.htm?fromId=41830.

共76位。

本书将S市作为研究案例，主要基于两点原因：第一，S市具备我国的基本国情即未富先老的特点。目前学术界对我国养老政策的研究主要局限于发达城市（如王静，2013）或者农村及贫困地区（如张国平，2014），对能够反映我国基本国情的欠发达地区及城市的研究相对匮乏。第二，S市在2010年与上海、青岛等发达城市的竞争中，被世界卫生组织授予“国际老年友好型城市”称号，成为我国第一个、世界上第十五个获此殊荣的城市。这表明，经济欠发达地区在养老服务中仍可以大有作为，甚至比一些发达地区做得更好。由此可见，将欠发达地区未富先老的城市作为典型案例进行研究，对我国构建老年人长期照护制度体系有着重要的借鉴意义。

第三节　文献综述

一、国外研究现状

OECD（2005：21）将长期照护定义为，需要日常生活活动帮助的人所需的一系列服务，其目的就是满足照护对象生理、生活及心理上的需求。非正式社会支持无疑是老年人长期照护供给主体中的重要社会资源，与正式社会支持相比，这种支持具有效率高、成本低、简便、灵活等优势。发达国家20世纪中叶开始为失能老年人提供居家长期照护。与此同时，西方社会学家开始逐步对社会支持网进行研究，主要的研究文献集中在以下三个方面：第一类文献关注社会支持类型与个人特征之间的关系。其中Granovettor（1973）研究了关系强度与社会支持网之间的关系，提出了“弱关系的强度”。Wellman与Wortley（1990）揭示了交往频度与社会支持网之间的关系。第二类文献关注社会支持网与个人社会地位、身心状况的关系。例如林南（1986）研究了社会支持网对个体健康的影响。以往的研究均将不同的影响因素纳入回归模型中进行分析，但是这些研究仅关注老年人的非正式社会支持网。随着20世纪70年代英国实施社区照顾政策以及80年代美国建立社区服务网络，社会支持网的概念在学术界及老年长期照护供给中逐渐受到重视，尤其是对正式社会支持网与非正式社会支持网关系的研究。因此，第三类文献①主要集中于探讨正式社会支持主体与非正式社会支持主体之间的关系是互补关系还是替代关系。有学者认为二者之间的关系是替代关系

① 参见施巍巍，国内外老年人长期照护制度研究综述［J］. 哈尔滨工业大学学报（社会科学版），2009（04）：48-53.

（如 Davey et al.，1999；Denton，1997），尤其是在日常生活活动（ADL）领域内存在明显的替代关系。但也有研究表明，正式和非正式照顾者之间的任务边界非常模糊（如 Jegermalm，2003），并没有明确的分工。越来越多的学者认为，理想的照护模式是正式照护与非正式照护者之间形成互补关系（如 Picone & Wilson，1999）。此外，也有许多分析、比较何种长期照护模式更有优势的研究文献论证了居家照护的优势，认为相对于机构照护，居家照护能够节约成本，并且可以通过向老年人提供居家照护而使老年人在自己熟悉的环境中居住，能够享受到来自非正式支持网的关心和帮助（如 Karine et al.，2008）。但也有研究文献显示，相对于轻度失能老年人，重度失能老年人获得机构照护的照护效率和质量更高（如 Dubuc 等，2011）。还有学者对长期照护中的照护者进行研究，认为照护者之间的关系往往会决定回报程度（如 Mills & Clark，1982：3）。同时有学者指出，照护者的性别和亲属关系往往会对照护的回报感有所影响。如子女作为照护者，相对于配偶照护者压力更小，而夫妻之间基于婚姻，承担了更强的社会责任感；子女由于压力相对小，满足感更强（Michael & Berit，2004；转引自熊波，2011）。

综上所述，国外学者之所以重视非正式社会支持网的作用，主张正式社会支持与非正式社会支持资源的整合，很大程度上是为了节省成本，达到资源效用的最大化，实现治理理念中所倡导的福利多元主义。

二、国内研究现状

相较于国外的有关老年人非正式社会支持网络以及长期照护制度的研究，国内的研究起步较晚。20 世纪 90 年代，我国有关老年人长期照护的研究主要分为两类，第一类主要是对老年人的长期照护需求进行研究，如 1992 年的中国老年人供养体系调查显示：我国老年人的长期照护需求因老年人的性别、年龄不同而有较大差异（邬沧萍，1999：88）。周伟文（2001）指出，城市老年群体的需求依据强弱程度排列为健康需求、精神文化生活需求、日常生活料理需求和经济需求。同时，他对社区满足老年人需求的能力也进行了研究。之后的学者在不同的年份均对影响老年人长期照护需求的因素进行了追踪调查，对年龄、性别、居住情况等因素对老年人长期照护需求的影响进行了分析（如黄成礼，2006；伍小兰，2009）；也有学者对我国部分地区的老年人长期照护需求及其影响因素进行了调查研究（如李绍先等，1998；戴卫东，2011）；还有学者通过对老年人长期照护需求系统的研究，指出不同需求的老年人所需要的照护模式是不同的，对于自理老年人更适合居家和社区照护，对于失能程度较高的老年人，机构照护效率更高（尹尚菁、杜鹏，2012）。

第二类研究主要集中于 20 世纪 90 年代后，随着我国相继出台与养老保障相关的政策，越来越多的学者开始对老年人的正式社会支持体系进行实证研究①。徐勤（1995）采用了正式社会支持与非正式社会支持的划分方法，考察了我国老年人照护需求现状、社会支持体系的功能构成以及支持的程度。我国当时出台的养老保障政策更多的是指对老年人给予现金支持的养老保险政策。因此，这一研究所指的正式支持对象仅仅是“依靠退休金及政府或集体救济供养的老年人，而退休金是正式支持的主要形式”（徐勤，1995）。这一时期的研究对象主要局限于经济支持政策。实践中，我国学术界逐渐认识到政府不仅仅需要为老年人提供经济上的支持，也需要为老年人提供养老服务支持（施巍巍，2012）。随着改革开放后社会保障体制逐渐走向福利社会化，社区在福利供给过程中成为重要的载体。有关学者在对社区福利的研究中，开始重视社区中社会支持网的作用，认为构建社会支持网有利于整合社区资源、提高利用效率、协调社会关系，所以宏观政策应该协调公共福利制度与社会网的关系，消除社会排斥（如周沛，2002；黎熙元，2007）。随着长期照护制度在国外的发展，诸多学者也开始关注我国长期照护制度体系的构建问题。相关学者指出，在我国发展长期照护体系的过程中，连续性、专业性、政策规范性都是需要重点研究探讨的问题（如裴晓梅，2004；林艳等，2009）。在两类有关长期照护的研究文献中，第一类强调以老年人的角度，即从需方的角度对老年人的需求进行研究；第二类主要从政府的角度研究老年人长期照护体系。这些必定与老年人的非正式社会支持体系有重要的关系。因此，如何利用老年人现有的社会支持网构建长期照护体系是值得探讨的问题。

在利用社会网络理论研究社会问题时，主要是应用社会支持网工具分析弱势群体，如贫困户或者老年人的社会支持网的特点（如张文宏等，1999；边燕杰，2001；洪小良、尹志刚，2006），并且已经取得了诸多研究成果。针对老年人非正式社会支持网的研究主要有对城市或农村老年人非正式社会支持网的结构、规模、密度的调查（如珂莱尔·婉格尔等，1998），对城市或农村的老年人社会支持网的对比研究（张友琴，2001）。此外，贺寨平（2004）与刘军（2006）分别对老年人和法村的社会支持网进行了研究。近期的研究更加注重老年人非正式社会支持网与其满意度或者老化态度的关系研究（如张明妍等，2011）。但是，针对与老年人长期照护需求相关的社会支持网的研究相对较少。

第一，以往与上述有关的文献研究多集中在天津、北京等发达城市或者农村地区，基于欠发达地区及城市的研究较少；第二，为适应我国加快发展养老服务体系建设而研究、探讨在非正式社会支持网基础上构建正式社会支持网的文献研究相对不足；第三，针对与长期照护需求相关的社会支持网的研究相对较少。我国有关正式社会支持网的研究更强调经济支持，并不包含长期照护服务支持网络，也没有与非正式支持网络进行联结，这导致家庭一直没有被纳入与老年人长期照护问题相关

① 参见施巍巍．发达国家老年人长期照护制度研究［M］．知识产权出版社，2012：9-11.

的国家政策规制之中。因此，本书与以往研究的不同主要表现在，首先选取的案例是欠发达城市，以期更能反映我国未富先老的基本国情，其研究结果更具代表性、典型性。本书并不单纯地描述老年人的非正式社会支持网特点，并非仅仅局限于微观的视角、社会学的视角，而是更注重老年人福利供给主体之间的互动，即从宏观福利多元主义、福利治理的视角，运用公共管理学的相关理论，对福利供给主体进行研究，通过分析我国出台的长期照护政策对社会正式支持网与非正式社会支持网之间关系的影响，探讨二者的最佳组合方式。

从目前国内外对于社会网的研究来看，很少有研究者将社会支持网与老年人长期照护相联系，缺少从社会支持网视角分析研究社会支持对老年人长期照护影响的研究，这对全面准确地认识老年人长期照护而言是不完整的。通过分析研究老年人社会支持网的特点，可以更为翔实、准确地分析老年人长期照护的现实与发展，并为制定老年人长期照护政策提供依据。

为此，本书将通过分析老年人社会关系网络特点、老年人实际获得的社会支持的现状了解老年人长期照护的社会支持网的现状、老年人社会关系网对老年人长期照护的影响，并在社会关系网络的层面上，注重分析研究社会关系网络对需要长期照护的老年人获得社会支持、占用社会资源的影响。在网络成员层面上，主要分析研究网络成员对老年人长期照护支持行为和长期照护支持内容的影响以及老年人长期照护网的功能、特点、作用。

第四节　研究方法

研究对象的选择：相对于高龄老年群体，低龄老年群体的失能率较低，但如果仅仅依据身体状况对老年人进行访谈、调查，获得的数据将有很大一部分来自高龄老年人，而中国未来人口老龄化高峰到来时期，即 2030~2050 年间，遇到长期照护问题的群体，恰恰是目前的低龄老年人。当前的低龄老年人口是未来我国老年人口比例达到峰值期，即人口老龄化形势最严峻时期的高龄老年人口。因此，本书将高、低龄老年人均作为研究对象，不仅根据身体状况调查老年人的社会支持网，还采用意向问题对老年人进行问卷调查和深度访谈，以期预测在未来 20 年假设这一代老年人身体失能时，与其长期照护需求相关的社会支持网的特点。

由于定量研究要求有操作性的定义与测量方法，不免损失很多资料的细节，定量研究的优点其实也就是它的弱点。所以本书舍弃了部分繁杂的模型制定，以避免使理论过于抽象化，难以贴近现实。为此，本课题应用社会支持网定量分析与深度访谈相结合的方法，对老年人长期照护社会支持网进行研究。

1. 文献研究法

文献研究法是本课题的基础。必要的文献搜集和大批量的文献分析贯穿整体研究过程，成为研究理论总结梳理的主要方式。通过查阅国内外有关老龄化社会、老年保障、老年需求、养老服务、长期照护、社区管理、社会网络分析、公共治理、老年人社会工作等相关理论书籍论文、政府文件，对国内外长期照护理论发展现状、长期照护的基本概念内涵及社会支持网的基本概念进行比较界定。

2. 深度访谈法

理论来源于对客观现实的占有与把握。通过合理设定访谈问题，对照护者与被照护者进行观察并做深度访谈，从中获得所需资料。一是抽取一定数量的老年人进行深度访谈；二是对输送照护的工作人员、行政管理人员以及政策制定者、执行者进行深度访谈。

3. 问卷调查法

利用社会支持网络分析工具设计问卷，对老年人的社会关系网络进行调查分析，了解老年人获取社会资源、社会支持、长期照护的渠道、形式、规模、强度对老年人长期照护的影响。对社会支持网的调查，主要参考荷兰社会学家范德普尔教授的问卷和国内学者贺寨平、洪小良有关非正式社会支持网特点的调查问卷，融入社会支持体系的问卷调查；针对城市老年人的长期照护情况，设计与老年人长期照护需求相关的社会支持网络的问卷内容。

调查问卷由五部分组成：人口学特征、照护来源及其期望、经济收入与消费、社会支持网、服务质量评估。

（1）人口学特征：包括年龄、性别、民族、学历、职业、现居住房情况、共同居住的成员、子女数量等。

（2）照护来源及其期望：与子女见面的频次、理想的养老地点、失能时期望的养老地点、对理想照顾者的期望值、与子女的交流方式等。

（3）经济收入与消费：包括收入来源、平均月收入与支出情况、接受资助的来源等。

（4）社会支持网：假设老年人失能、半失能时，所需要的经济支持、情感支持、短期护理支持、长期护理支持。

（5）服务质量评估：包括服务使用者对所使用服务的评估以及期望获得的评估内容等。

课题组成员或调研人员在2012~2015年期间到案例城市调研。其中，在案例城市3个中心城区抽取6个街道，在每个街道主要抽取两个社区，随机发放800份问卷，回收有效问卷740份；对社区内和养老机构中的老年人分别进行深度访谈；对与案例城市养老服务相关的行政管理人员以及社区工作人员进行深度访谈；在案例城市的民政部门和老龄办召开座谈会，在社区以及养老机构召开座谈会。

第五节　研究目的及内容

一、研究目的

根据案例城市老年人长期照护的实践情况，从社会支持网的视角，对与老年人长期照护需求相关的社会支持网进行分析，探寻社会支持网的运行特点、存在成因，了解老年人社会支持网的构成及各子网相互间的影响，探讨正式社会支持网络资源的供给对老年人照护模式选择以及对老年人非正式社会支持网络的影响；通过探究案例城市老年人正式与非正式社会支持网络的运行状况以及存在的问题，为构建符合中国国情的老年人长期照护制度体系提供理论与实证依据。具体目标如下：

1. 通过对老年人长期照护概念及内涵的阐述，明确长期照护的目的以及意义。

2. 通过回顾老年人长期照护制度发展演变的历史，分析案例城市的长期照护实践，从理论与实践结合的角度指出构建长期照护制度的迫切性。

3. 通过分析案例城市老年人在社会支持网中的位置，探讨与老年人长期照护需求相关的社会支持网的构成因素、网络规模等特点，探讨重塑完善老年社会支持网、整合正式与非正式社会支持资源的路径。

4. 通过对案例城市长期照护制度实施效果的评估，对居家照护和机构照护模式进行比较，揭示正式社会支持网络与非正式社会支持网络之间相互影响及相互作用的规律及对老年人的影响。

5. 提出完善老年人长期照护网络和构建老年人长期照护制度体系的政策建议。

二、研究内容

1. 老年人长期照护社会支持网络及制度体系研究

我国老年人长期照护制度对老年人提供的支持属于老年人正式社会支持网中的核心内容，目前还处于初级发展阶段，具体研究内容包括：（1）对我国（包括所研究的案例城市）出台的老年人长期照护政策进行历时性研究；（2）老年人长期照护制度在社会保障体系中与其他社会保障制度的互补关系；（3）案例城市老年人长期照护制度运行状态、具体运行中存在的问题。

2. 与老年人长期照护需求相关的非正式社会支持网的特点

在向老年人提供长期照护的非正式社会支持网中，非正式社会支持的主体主要包括给予老年人社会支持的直系和旁系亲属，老年人所在社区的邻里、朋友、熟人及其他提供社会支持的社会成员。具体研究内容包括：（1）非正式社会支持网的构成、特点以及如何发挥其支持照护功能；（2）老年人对非正式社会支持网的评价和期望以及影响老年人非正式社会支持网的因素。

3. 长期照护供给对老年长期照护需求以及照护模式选择的影响

（1）探讨长期照护供给者对老年人需求的认知与影响；（2）研究长期照护需求方即老人、家庭与照护的供给方即政策的制定者、管理者、服务的提供者在认知上存在哪些落差；（3）探讨老年人的需求与正式服务体系之间出现落差的原因。

4. 老年人社会支持网的构建

（1）根据老年人长期照护制度与社会支持网的基本状况、相互关系，探索解决老年人长期照护问题的对策；（2）探索建立和完善老年人长期照护制度的路径，并提出促进协调老年人非正式与正式支持网络互补的措施，以最大限度整合、优化老年人照护资源。

第六节　研究思路和章节框架

一、研究思路

社会支持网络理论作为一种分析社会问题的理论框架，认为个人与社会支持网之间的断裂是产生社会问题的重要根源（倪赤丹，2013）。因此，在解决社会问题时需要对老年人社会支持网的构成、规模、强度等特点和功能进行分析和科学评估。老年人的社会支持网分为正式社会支持网和非正式社会支持网，二者之间的协调以及社会支持网的完善，都必须要以老年人对长期照护服务的需求为重心。本书对于社会支持网的研究也始于老年长期照护服务的需求。一方面围绕长期照护需求对老年人的非正式社会支持网的规模、构成等特点进行分析；另一方面，依据我国已经出台的各项长期照护政策评估老年人的正式社会支持体系，分析正式支持网如何影响非正式支持网，二者之间的协调互动性如何才能获得提升、优化。分析思路见图 1。

社会支持网评估（正式社会支持+非正式社会支持）—长期照护服务需求评估—问题界定—长期照护服务。

通过分析老年人选择照护模式的因素，可以确定不同的照护供给模式对老年人养老方式选择的影响；而在不同的照护方式中，老年人社会支持网也有明显的区别。

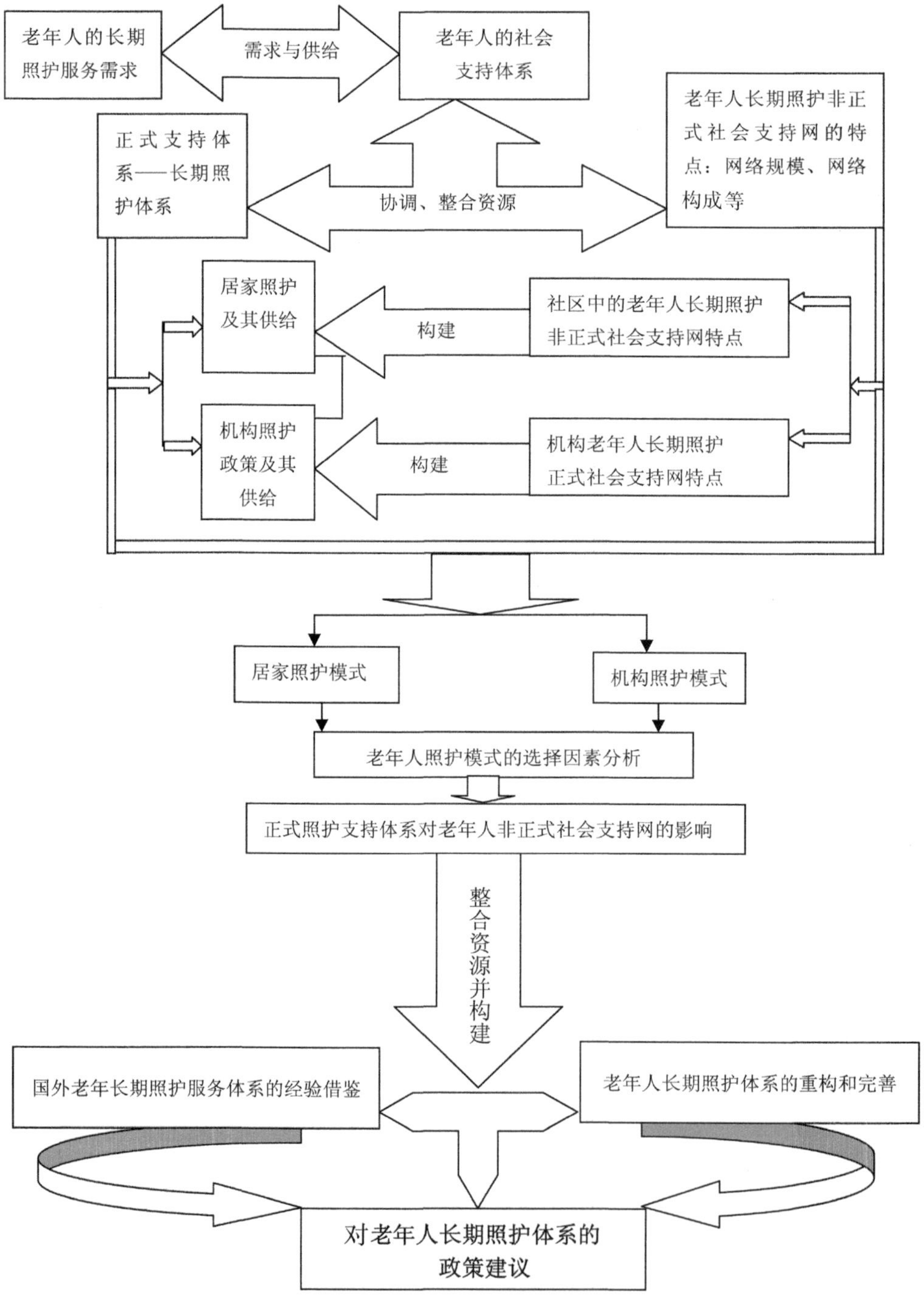
老年人的长期照护服务需求
需求与供给
老年人的社会支持体系
老年人长期照护非正式社会支持网的特点：网络规模、网络构成等
正式支持体系——长期照护体系
协调、整合资源
居家照护及其供给
构建
社区中的老年人长期照护非正式社会支持网特点
机构照护政策及其供给
构建
机构老年人长期照护正式社会支持网特点
居家照护模式
机构照护模式
老年人照护模式的选择因素分析
正式照护支持体系对老年人非正式社会支持网的影响
整合资源并构建
国外老年长期照护服务体系的经验借鉴
老年人长期照护体系的重构和完善
对老年人长期照护体系的政策建议

图1　研究路线图

二、章节框架

本书主要以欠发达城市 S 市为例，对 S 市老年人的需求以及非正式社会支持网进行实证研究，对 S 市的长期照护体系进行调研。

导论，介绍本书的研究背景、研究意义、研究目的、国内外研究综述以及本研究所用的研究方法、分析思路和章节框架。

第一章“人口老龄化与长期照护”，主要阐述老年弱势群体的特点及风险、人口老龄化与长期照护的发展及其理论基础。

第二章“老年人长期照护的理论解析”，对老年人长期照护的相关概念及其内涵进行分析，并阐述老年人长期照护需求的对象、内容、主体及其供给模式。

第三章“长期照护社会支持网分析架构”，探讨社会支持网络的概念、特点及其分类，并设定社会支持网络的测量指标。

第四章“长期照护制度的发展及其现状”，阐述我国老年人长期照护相关政策背景以及发展，着重分析案例城市长期照护制度的纵向制度变迁及其实施现状。

第五章“居家照护与老年人社会支持网络”，阐述社区内老年人长期照护需求，分析居家照护体系的供给现状和特点以及社区中老年人非正式社会支持网的特点，并分析居家照护体系对老年人社会支持网的影响。

第六章“机构照护与老年人社会支持网络”，阐述机构照护体系的供给现状和特点，分析机构照护对老年人社会支持网的影响，探讨正式服务体系对老年人非正式社会支持网的影响。

第七章“构建老年人长期照护制度体系”，结合前六章的研究内容和结论，在现有的老年人社会支持网基础上，对重构和完善老年人社会支持网络、完善长期照护政策提出相应的建议。

第一章　人口老龄化与长期照护

第一节　老年弱势群体的特点与社会风险

老年是人生命历程中的必经阶段，老龄化既是21世纪人类社会的常态，也是我国的基本国情之一。人口老龄化是人类社会文明发展的必然结果，是人类社会面临的发展趋势和社会问题。让老年人有质量、有尊严地安度晚年，既是社会人性化的重要标志，也是老年人的权利和家庭、国家、社会的责任。研究老年人长期照护问题，需要对老年群体有比较清晰的认识，准确把握这一群体的特点以及老年人面临的生存风险和生活需求。

一、老年群体的特点

老年人通常是指超过一定年龄且处于较高年龄层次的群体；人口是指在一定社会经济条件下，一定区域内一定数量的人的总和。人口老龄化是指一定时期内老年人口在人口总数中达到一定比重，其内涵包括人类个体老龄化和群体老龄化两层含义。国际上通行的做法是以年代、年龄来划分。最早提出老年人年龄划分标准的是瑞典人口学家桑德巴，他以人的50岁作为起点来界定老年人口，其理由是大多数人50岁为更年期，不再生育（王延中，2014：2）。联合国1956年出版的《人口老龄化及其社会经济影响》一书，以65岁为标准界定老年人。1982年，联合国在“老龄问题世界大会”上又将60岁作为老年人的起始年龄。依据国情不同，各国实际对老年人的划分标准也不同，如亚洲的泰国、巴基斯坦、中国规定60岁及以上为老年人。老年人作为一个群体，与青年人、中年人有着明显不同的特征。

（一）生理机能的不断老化，导致生活自理能力逐渐下降

人的机体老化是一个生物变化过程，是由生物学规律和生存环境引起的生理

机能老化带来的生活自理能力下降。随着年龄的增长，老年人各项生理机能会逐渐老化，对疾病的抵抗力会逐渐下降，各种老年疾病会不断增多，尤其是患高血压、老年痴呆、心脏病、糖尿病、呼吸性疾病、风湿病等疾病的概率不断加大。2016 年发布的《中国老年社会追踪调查（CLASS）》研究报告的数据显示，23. 8%的老年人面临明显的认知衰退问题，存在患老年痴呆的风险。罹患疾病及各种生理机能的老化会使老年人行动缓慢、反应迟钝、记忆力减退，生活自理能力下降，并逐渐发展到由一般性地依靠家庭和亲人的帮助维持提高生活自理能力，到需要介助工具和专人的照护来维持提高生活自理能力，直至生活自理能力丧失，需要专人或专业机构全天候护理。

（二）个体社会角色变化，易成为弱势群体

人进入老年后，从工作岗位上退下来，其社会角色、社会关系网、行为方式和生活习惯均发生了重大变化。其重要表现是逐渐从家庭主导者变成了依赖者。老年人退出工作岗位标志着其原有的因工作、社交、生活而建立的社会支持网络会逐渐淡化，可以获得和拥有的社会资源减少。社会交往的减少使其与原有社会支持网络的互动强度不断减弱，家庭主导地位及话语权发生动摇，与社会活动的联系逐渐松散，参与社会的机会减少，社会支持网络规模缩小，转而对家庭的依赖性增强。这些变化意味着老年人从生产领域退出，从一个从业者变成了闲暇者，从子女和老人的抚养者变成了被赡养者。

（三）收入减少，个体支付能力不足

虽然有部分老年人退休后又通过再就业努力扩大回报性投入，增加了收入以防年老之后生活水平降低，但是，大多数老年人到了退休年龄便不再工作，即劳动能力的不断丧失和劳动收入的减少，使其购买商品的支付能力下降。2016 年发布的《中国老年社会追踪调查（CLASS)》研究报告显示，我国城乡老年人领取养老金的比例为 85. 9%，其中城市领取养老金的老年人比例为 91. 25%，农村地区领取养老金的老年人比例为 70. 79%。但是依靠养老金生活的老年人，在城市中比例为 71. 95%，在农村地区这一比例仅为 17. 22%，而老年人正式劳动就业率和社会公益活动参与率仅为 20%。从中可以看出，目前大多数城市老年人要满足生活需求主要依赖以政府为主体的正式社会支持网。

（四）生活环境改变，心理需要调适

老年人退休后，会因社会角色、地位的变化，在心理上产生完善感和失落感的矛盾冲突，会出现心理不适，容易情绪低落，自卑感、孤独感增强。2016 年发

布的《中国老年社会追踪调查（CLASS)》研究报告的数据显示，24.78%的老年人有不同程度的孤独感，其中独居老年人的孤独感较为严重；表现在行为上，往往自我封闭，易发脾气，不愿出门，不想见人，无所适从等等。这表明，老年人退休后心理上需要有一个自我适应的调适过程，以便较为自然地转入新的角色以融入社会。

（五）社会的宝贵财富，优质的人力资源

老年人人生阅历丰富，长期的职业训练使其具备了较多的工作经验、较强的工作能力、成熟的工作技能以及良好的心理素质，对国家、企业、社会、家庭有着重大的价值，对年轻人有着重要的指导作用，在隔代子女的养育中，也发挥着一定作用，是难得的宝贵的优质人力资源，是“老有所为”“老有所用”的基础和体现。因此，人类社会应该尊重和珍惜并且用好这一宝贵资源。

二、老年群体面临的社会风险

老年人作为社会弱势群体有其特殊性，其生存面临着较大的社会风险。

（一）个体生存的风险

人到老年时，与个体自理能力下降、逐渐丧失劳动能力和收入减少形成对比的是，子女长大成人，生活能力逐步提高，经济能力提升，个人自主性、独立性增强，改变了以往在家庭中的地位并逐步成为家庭生活的主导者。这种家庭地位的提升，使子女对家庭资源的利用权、支配权增强；而老年人生活自理能力下降，对家庭依赖增强，必然会逐渐丧失对家庭资源的话语权、利用权和支配权，因而存在一定的生存风险。如家庭伦理文化氛围带来的对老年人尊重、爱护、照料的风险；家庭人员变故给老年人带来的精神和物质层面的双重风险；社会经济状况的恶化给老年人带来的经济风险。这些风险往往是老年人个体无法全部承担和化解的，社会网络提供的支持必不可少。

（二）生活照护的风险

随着年龄增长，老年人各项生理机能不断下降，尤其是生活自理能力会逐步丧失，这几乎是老年人生命历程中的必经阶段。一旦出现这种情况，就不能不借助外力，依靠他人照护，才能维持和提高生活自理能力。由于长期照护是老年服务中成本最高、服务难度最大、耗时最长（几个月、几年甚至终生）的医护行为，往往使个人及家庭难以承担。这就要求政府和社会支持主体利用社会网络施

以援手，建立有效的制度、出台合理的政策来解决这一具有普遍性的社会风险问题。

（三）易患疾病的风险

随着生理机能的弱化，人到老年个体免疫力不断下降，患病概率会大大提高。特别是人步入老年后，往往存在正负心理的矛盾冲突，加上疾病抵抗力下降，如调适不及时或者不能很好地处理，很容易使老年人出现心理和生理上的问题。一旦患病，将给个人身体和精神带来巨大痛苦，给家庭带来沉重的经济和人力负担。社会环境污染、食品药品安全问题带来的疾病威胁，使老年人易成为直接受害的高危人群。2016 年发布的《中国老年社会追踪调查（CLASS）》研究报告的数据显示，75.23%的老年人自报患有慢性病。老年人年龄越高，患病概率也越高，死亡的风险相应也高。

（四）二次贫困的风险

现代社会生活的高成本、养老服务和长期照护的高费用、家庭结构的小型化、少子化，都会使以家庭为核心的非正式社会支持网中的经济支持网、情感支持网、短期护理支持网、长期护理支持网的支持力度持续下降。这使得老年人一旦患上慢性病或者失能半失能，就要面对高昂的照护费用，往往会耗尽老年人一生的积蓄，极易使老年人陷入二次贫困。同时，作为正式社会支持的公共服务、社会保障体系不健全、养老保障水平低、长期照护制度缺失等因素的存在推高了老年人返贫的风险。这些风险也将逐步演化为老年人的长期照护需求，使得老年人为了获得此类社会支持而需要构建相应的社会支持网络。

第二节　人口老龄化与长期照护

一、人口老龄化的提出与发展

老龄化是一个相对发展的概念。当今人类正在向老年型社会迈进，随着社会的发展进步、人们预期寿命的延长，老年人的年龄标准也在提高，所以人口老龄化只是一个相对的概念。人口是全部社会生产行为的基础和主体，在社会发展中发挥着决定性作用，又受到社会条件和生存环境的制约。所以老龄化问题不仅是个人问题、家庭问题，更是社会问题，受到世界各国的重视。

20 世纪 40 年代，著名人口学家雷蒙和帕尔·索维相继发表了《人口老龄化》《西欧人口老龄化的社会经济后果》两本著述，引起了学术界的关注。1973

年，第 28 届联合国大会讨论通过了《年长和老年人问题》决议，标志世界各国在人口老龄化问题上达成了共识。1982 年 7 月，联合国在奥地利首都维也纳召开“老龄问题世界大会”，世界上共有 124 个国家派出代表团，参会人员近千人。我国也派代表团参加了这次大会。在同年召开的第 37 届联合国大会上又通过了《老龄问题的决议》，讨论批准了《老龄行动计划》。这次会议认为：“老年人寿命的延长是一项生理上的成就，是社会进步的象征。”同时会议指出：“老年人是社会的财富而不是负担，他们以其积累的丰富知识和经验，做出了价值无比的贡献（谢联辉等，1988：4）。”这次大会的召开，标志着老龄问题已经成为世界关注的重大社会民生课题，摆上了联合国的议事日程。1990 年，第 45 届联合国大会决定，每年 10 月 1 日为“国际老人节”。1991 年，第 46 届联合国大会讨论通过了《联合国老年人原则》，规定了保障老年人权益的四大原则：独立、照护、自我实现、尊严。其中，独立原则是指保障老年人能得到基本的服务和照护，参与社会发展，有工作和创造收入的机会、接受教育和训练的机会、安全的生活环境；照护原则是指老年人能得到家庭和社区的照护，得到医疗保健、社会和法律服务等；自我实现原则是指老年人尽可能发挥自身潜力，享用社会所提供的教育、文化、精神和文娱资源；尊严原则是指老年人不受剥削虐待、获得公平对待，老年人不论其经济贡献大小均受到家庭与社会的尊重。1996 年通过的《欧洲社会宪章》第 23 条规定，“每个老年人都享有社会保障权”。2000 年欧盟领导人签订的《欧洲联盟基本权利宪章》第 25 条规定：“老年人享有尊严与独立地生活以及参与社会和文化生活的权利。”2002 年 4 月，“第 2 届老龄问题世界大会”在西班牙首都马德里召开，世界上共有 160 多个国家和地区派出代表团出席，我国仍派代表团参加，近 5000 人参加会议。这次会议修改了《老龄问题国际行动计划》草案，审查通过了《政治宣言》。大会强调把老龄问题纳入各国发展战略之中，消除贫困、巩固建立灵活的退休金制度；要求全世界、全社会善待老年人、尊重老年人，发挥老年人的作用，保障老年人的合法权益，加强国际合作。《政治宣言》指出，老年人不是社会负担，而是家庭和社会的宝贵财富，应本着健康、参与、保障和自我实现的原则，帮助、支持老年人融入社会公共事务。（见表 1-1）这次大会对进一步唤起全世界和全社会对老龄问题的重视与关注具有重大的现实意义和深远的历史意义（李虹，2008：4-11）。

自 20 世纪 50 年代起，学术界开始对人口老龄化进行跨学科研究，“世界老年学大会”第 1 届会议于 1950 年在比利时召开，大会每隔四年在世界五大洲轮回举办，是迄今为止世界范围内老年问题方面规模最大的会议。目前，“世界老年学大会”已更名为“世界老年学与老年医学大会”，至今已经举办 20 届，吸引了各领域的专家学者对老龄问题进行研究。2013 年，在韩国首尔举办了第 20 届“世界老年学与老年医学大会”，提出了“数字化老龄社会”这一主题。

表 1-1 人口老龄化问题相关国际会议及意义

年份	会议	意义
1973 年	第 28 届联合国大会	通过《年长和老年人问题》决议，标志世界各国在人口老龄化问题上达成了共识
1978 年	第 33 届联合国大会	决定在 1982 年召开第 1 届老年问题世界大会，研究讨论世界性人口老龄化问题
1982 年	第 1 届老龄问题世界大会	第一次正式提出“老龄问题”，指出老龄问题涉及老年人特殊需要、老龄化社会经济问题的人道主义和发展问题
1982 年	第 37 届联合国大会	通过了《老龄问题的决议》，讨论批准了《老龄行动计划》，标志着老龄问题已经成为世界关注的重大社会民生课题
1990 年	第 45 届联合国大会	决定每年 10 月 1 日为“国际老人节”
1991 年	第 46 届联合国大会	讨论通过了《联合国老年人原则》，规定了保障老年人权益的四大原则：独立、照护、自我实现、尊严
1992 年	第 47 届联合国大会	确定 1999 年为“国际老人年”，其目标是建立“不分年龄，人人共享”的社会
2002 年	第 2 届老龄问题世界大会	修改了《老龄问题国际行动计划》草案，审查通过了《政治宣言》；强调把积极老龄化观念纳入各国发展战略之中
2013 年	第 20 届世界老年学与老年医学大会	提出“数字化老龄社会”这一论题

二、长期照护制度的历史演变

（一）家庭在养老服务中居于基础地位

养老服务作为人类解决养老问题的重要制度安排，是随着社会的发展进步、老年人需求的逐步提高而不断充实完善的。通过对养老服务制度体系缘起的回顾，可以从中得出应对人口老龄化的有益启示，并通过这一制度的历史演变过程揭示出长期照护制度体系的建立已经成为养老服务制度体系中的核心内容与发展趋势。

在原始社会，由于生产力低下，物质极度缺乏，老年人的基本生活难以得到保障，生命在身体甚至精神方面受到的挑战远比现代社会多（理查德，2002：32）。在原始社会形态下，体弱多病的老年人失去劳动能力时会被视为一种负担，并与身强力壮的人争夺生存资源，所以为了生存，部落氏族往往会虐杀或遗弃这些老年人。随着生产力的提高，有了剩余产品之后，老年人也只能由部落氏族集体供养，否则难以在严酷的自然条件下生存。到了奴隶社会，生产力进一步提高，但阶级的出现，使劳动者成为生产工具，奴隶的生活保障等同于生产工具的保养和牲口的喂养，其与奴隶主的人身依附关系决定养老保障的主从关系。在封建社会，家庭成为社会基本单元和人们生活的基本单位，兼具生产、生育、消费、抚养和养老的功能。家庭成为养老的责任主体，家庭生育和抚养子女的成本等于父母养儿防老的一笔投资，子女的增多、成长带来伦理和经济上的保值、增值。这种由以婚姻、血缘关系为纽带的家庭提供的养老是一种自发的内生性保障机制，有着超强的内部凝聚能力、抗风险能力及可持续发展能力，从而使这种机制有着极高的互助性、可靠性和稳定性，而且家庭子女越多、规模越大，其互助性、可靠性、稳定性越强，满足着以基本生活为主的养老需求，世代沿袭。在封建社会，因国家和社会没有保障社会成员生活的机制，一些救助活动大都是由官方、宗教组织或开明绅士组织的临时性、随机性活动，所以，这时的国家和社会力量在养老舞台中并不占有中心支配地位，而是被边缘化，但并不等于无所作为。针对有老年人的家庭，我国封建社会的一些统治者往往通过减轻家庭税负和免减子女徭役等措施来提高家庭养老能力。因此，家庭在漫长的封建社会中一直承担着养老的全部责任，直到工业革命之后，这种地位才逐渐被削弱。

（二）人口老龄化是推动长期照护发展的动力

工业革命的到来，摧毁了以家庭为基本生活单位的自然经济基础。在社会化大生产面前，家庭已无力应对来自生老病死的自然风险、各种突发事故的意外风险、父母与子女分离的生活风险、企业破产导致的失业风险，因而需要国家和社会来承担部分养老责任，提供社会保障。为此，家庭的部分养老功能逐渐为社会所替代，养老服务成为社会公共事业的重要组成部分。这使游离在养老舞台边缘的国家逐步走向中心，成为为老年人提供正式社会支持的责任主体，扮演着提供养老保障的角色，建立起以养老、医疗等社会保险为支柱的现代社会老年保障体系来保障老年人维持生存所需要的基本生活和基本医疗。而这时的长期照护服务更多的是以院外或者院内照顾的形式出现，仅以一种辅助性的社会救助措施为老年人提供正式社会支持。

社会生产力的迅速发展，社会财富的大量增加，医学技术的进步，生育率和死亡率的下降，生活条件的改善使老年人的预期寿命不断延长。人们的需求已不再局限于对生活、医疗的基本需求，而是有了多样化的更高的需求。与老年人口的大规模增长、人口老龄化的日趋严重、高龄、失能半失能老年队伍的迅速扩大相伴随的是老年照护需求的不断增长，老年人对社会长期照护依赖程度的不断加深，使以提供生活照料、医疗保健和康复、精神慰藉为主要内容的长期照护发展成为养老服务供需的主要矛盾方，决定着养老服务的目标走向。面对这种形势，社会一时难以满足这些需求，导致长期照护供求紧张，逐步演变为一个社会性的民生问题，这是促使养老服务体系创新发展的基本动因。20世纪第二次世界大战之后，西方发达国家的经济建设经历了“黄金发展期”，一些国家实行了从摇篮到坟墓的高福利政策，一些国家为解决高龄、失能半失能老年人的长期照护问题，修建了大量专业化的养老机构。但天有不测风云，经济危机的发生使经济增长开始放缓，高福利政策使一些国家财政负担沉重，暴露出国家保障能力的局限性，引发了社会保障的改革浪潮，迫使一些国家加速去机构化，鼓励老年人回归家庭、社区，并开始向社会转移让渡部分养老责任。这在一定程度上推动了社区照护服务的发展，使居家养老受到重视，获得发展；使一直受到国家和市场挤压的社会组织利用自身的优势，承接了由政府转移出来的部分责任，成为养老服务中不可或缺的责任主体。实践证明，快速增长的老年群体，年龄越大对照护的依赖性越强，照护的内容越复杂，对照护的要求也越高。因此，解决老年人的长期照护问题，创新养老服务方式，完善深化养老服务体系，成为各国政府优先考虑解决的民生课题。为此，一些发达国家从不同的国情出发，建立了各具特色的长期照护制度体系，有效化解了长期照护的社会风险，保持了社会的和谐稳定。

（三）家庭结构的小型化，难以适应老年人的深层长期照护需求

现代社会生育率降低，家庭子女数量减少，导致家庭内生性养老资源稀缺、供给不足。以往人们在青壮年时期养育子女，为的是年老时有生活保障，我国历来就有“养儿防老”“多子多福”等传统观念。老龄化社会的发展伴随的是家庭小型化、高龄化、空巢化、少子化的趋势及人口的大规模迁移，父母与子女空间距离拉大，子女在家庭养老中缺位，使家庭对老年人的支持力度大减，对老年人的照护再也无法像以前那样依赖大家庭，由众多子女亲属来完成。同时，工业化的发展也引发了女性社会角色的改变。以往在传统家庭中，女性无疑扮演着重要的照护者的角色，是老年人非正式社会支持网络中的重要节点与支持者，通常是女性一方面抚育子女，一方面照顾老年人。社会的进步，男女平等，同工同酬，女性社会地位提高，改变了女性作为家庭主要承担者和老年生活照护者的地位，使女性的社会角色发生了从专职家庭照护者到职业女性的转变。女性走向职场必然使其对家庭投入的精力和时间减少，并改变了过去男性担任家庭经济生活承担者的“单薪”家庭结构，形成男女共同负担家庭经济的“双薪”家庭结构。这种结构使女性从事工作的意愿与动力增加，使愿意承担家庭照护责任的女性越来越少，导致老年人对女性的依赖性降低。家庭重要成员的女性对老年人照护支持作用的弱化，使老年人的长期照护无法继续主要由女性来完成。老年人在生活照料、医疗保健、康复护理等方面的深层长期需求巨量增长，使由谁来为老年人提供长期照护的问题从家庭走向社会，成为国家必须面对的一个社会民生问题。

（四）高昂的长期照护服务费用，使个人及家庭难以承受

在老龄化社会中，预期寿命的不断延长使高龄、失能半失能老年人口的绝对值不断上升，而劳动力的减少，导致劳务成本进一步攀升。因此，现代社会生活的高成本与高昂的养老服务费用的双重压力，给个人及家庭带来巨大负担。例如，在市场发达的美国，居家照护在2004年就需人均2万美元，入住机构需要5.2万美元（Mulvey，2005），远远超过了美国普通民众的承受能力。德国自20世纪70年代中期到90年代，用于老年人长期照护的支出费用增长了3倍（Alber，1996：261－278）。发达国家长期照护制度的缺失，使已经购买了养老和医疗保险的老年人，一旦失能半失能，就会因高昂的照护费用支出变得一无所有而陷入贫困，而政府也将背上沉重的财政包袱。为此，德国在1994年出台了《长期照护保险法》，以解决这一供需矛盾，从而使德国人均医疗支出由1997年的2412美元下降至2001年的2153元，降幅达12.4%。据德国保险公司测算，长期照护制度建立之初，全社会增加了2万多个护士岗位，护理人员由1995年的32万人增加到2009年的89万人（戴卫东，2011）。

从以上的分析可以看到，养老服务作为一个永恒的话题，经历了漫长的发展过程。尤其是德国等发达国家为应对人口老龄化带来的长期照护需求，于20世纪90年代相继建立以“老年人长期照护制度”为主的老年人社会支持网络体系，使养老保障制度体系不断完善，基本满足了老年人的照护需求。

第三节　老年人长期照护的理论基础

理论来自实践并指导实践。发达国家进入老龄化社会的时间比较早，在长期的养老保障实践中，从不同视角对养老保障的经验教训进行了理论总结与阐述，形成了较为丰富的养老理论。而我国作为一个发展中的老年人口大国，进入老龄化社会时间短，无论在理论上还是在实践中，都存在准备不足的短板。因此，借鉴研讨这些理论，有助于我国加快建立老年人长期照护制度体系。

一、老年需求理论

现代社会老年人需求体系是一个极其复杂、异质、庞大的体系。其需求理论为探讨人口老龄化问题的实质，提供了科学的观察视角。这主要以需求理论和“三M”理论为主要内容。

需求是驱动人的行为的动因。美国著名心理学家马斯洛的需求理论认为，人的

需求有生理、安全、社交情感、尊重和自我实现五个层次。这五种需求由低向高逐步递进，一种需求得到满足，就会形成更高层次的需求。其中生理需求是最本质、最原始的基础性需求，自我实现是最高层次的需求。满足需求的过程是一个动态变化的过程。需求理论为分析预测老年人的需求提供了理论基础。马斯洛需求层次理论不仅阐述了人的需求层次，也揭示了社会稳定发展的基本条件。当国家的经济发展水平比较落后时，较低层次的需求是需要首先解决的问题。因为人们的基本需要得不到满足时，就无法保障其生命安全及延续，就会迫使个人产生寻找满足其基本需求的动力，从而引发社会问题（马斯洛，1981）。而当社会不能满足大多数人的低层次需求时，就会爆发集体暴力以寻求解决途径，出现社会危机和社会动荡（韩银娥，2007）。因此，一个国家摆脱贫困后，较高层次的需求就将成为国家考虑的主要问题，社会福利需求就上升为主要民生问题。因此，人的基本需求，尤其是较低层次的需求，是否可以得到满足，往往关系到社会的和谐与稳定。未来到2050年，我国老年群体数量将占到人口总数的三分之一，如何解决好人口老龄化问题、满足老年人的各种需求，便成为事关社会稳定的重要民生问题。

发达国家老年学研究学者结合需求理论还提出了“三M”理论，从另一个角度来分析老年人的需求。他们认为，当老年人的物质需求得到满足后，随着生理机能的下降，其医疗和精神需求将不断上升，并由此构成推动社会化服务体系建设的直接动力。Bradshaw（1972）进一步将老年人的需求分为规范性需求（根据服务对象与环境的关系，对需要的内容进行规定）；感觉性需求（社会所反映的服务对象当前所需要的服务内容）；表达性需求（服务对象把自身感觉到的需要用行动表现出来，引起社会的重视）；比较性需求（在各种需求比较中产生的需求）。

由需求理论可知，随着经济社会的发展和人们生活的不断改善，老年人的需求是不断提高的。这就要求我们要注意观察分析老年人不断酝酿的内生性潜在需求，关注老年人的长期照护需求，尤其要高度重视老年人的感觉性需求、表达性需求，预测老年人的比较性需求，努力创造一个适应老年人生活需求的环境和机制，以满足老年人不断增长的有关生活照护、医疗服务、保健休闲、精神慰藉和社会参与等方面的需求。

二、生命周期理论

生命周期理论是基于生物体从出生、成长、成熟、衰退到死亡的过程的“生命周期”现象而提出来的，广义则延伸到人类社会客观事物变化规律。生命周期理论又称生命周期假说，还称消费与储蓄的生命周期假说，其含义是指消费者以理性的方式依据效用最大化的原则，将自己一生中全部预期收入合理地进行消费与储蓄，使收入与消费保持在平衡和稳定状态。这一理论①是由美国经济学家F·莫迪利安尼等人共同提出来的。“生命周期”的含义可以理解为“从摇篮到坟墓的整个过程”（王延中，2014：42）。该理论认为，人们对自己生命历程的掌控是使自己一生对收入财富与消费的配置，在其生命周期的不同阶段，尤其是老年阶段能够合理安排自己的消费与储蓄，以确保在生命周期内达到最佳效用，使生命延续，以求得有质量、有尊严且体面的生活。按照生命周期理论，要能够合理配置自己的收入、财富，并在生命周期内达到最佳效用，使自己一生中的消费实现最大化，其前提条件是一生消费的现值不能超过他一生的收入总值。这就要求人们依据自己一生中的全部预期收入来合理规划自己的短期与长期消费支出。按照生命周期理论，个人财产越多，边际消费倾向越大，证明劳动收入和财产与消费是正相关的。所以，人们在工作期间应努力工作，尽可能地增加收入和储蓄，以备收入低时或退休后，收入减少时可提取储蓄从而实现平稳消费。这一理论直接涉及成年人的收入储蓄和老年人的消费，由于将收入纳入终身消费，为收入计划和储蓄支出的关系建立了一个微观理论框架，为完善社会化服务和养老金制度的建立奠定了理论基础。因为，养老金制度所具有的熨平收入波动的功能，使人们在有创造收入的能力时，将生产的收入积蓄起来，作为养老资本，以备在退休后用于支付消费，保障个体在整个生命历程中可以安全平稳地度过一生。但这一理论的不足之处是仅把一代人的寿命分为收入创造期和消费期，而没有涉及代际之间的抚育、赡养关系。

三、代际支持和社会交换理论

为弥补生命周期理论的不足，代际支持理论揭示了家庭养老中代际之间的抚养与赡养关系，并从经济交换的视角阐释了家庭中老年一代与年轻一代资源交换的动力与规则。在一个家庭中，代际之间的抚养与赡养关系明显体现着生命周期。年轻父母生育和养育子女的投入，就是父母为以后养老而缴纳的一笔保障金。这里值得一提的是，由阿莱和萨缪尔森等人创立的交叠世代模型（阎坤，2000：22），其重要之处是突破生命理论的局限，论证了建立社会养老保障制度的必要性和重要性。依据交叠世代模型，人们在任何时候都有不同代际之间的交往，每一代人在自己生命的不同时期，都与不同时代的人进行交易。交叠世代模型的内容，是假定在任何时候，代际之间都有相互交易。该模型把人的生存期分为成年期和老年期两个时期。成年期取得收入和储蓄，以备老年期为满足需求而继续消费，确保生活质量，安度晚年。这之中如果政府能有效协调两代之间的关系，达到代际之间的均衡，人们的消费就会处于最佳状态，否则将对经济产生负面影响。

① 1953年和1957年，莫迪利安和布伦伯格合作发表了论文《效用分析与消费函数对横截面数据的一种解释》和《效用分析与消费函数：统一解释的一个尝试》，从而奠定了生命周期假说的理论基础。

从权利与协商视角看（参见陈永杰等，2013：26），老年人从成年子女或家庭成员中得到支持的程度取决于由老年人在家庭中的地位所决定的支配控制家庭资源的程度。在传统社会，父母作为一家之长，在家庭居于中心地位，具有家庭财产的支配权力，如对土地和家庭资源的使用、分配。但随着现代社会的发展，子女的成长、成熟，尤其是对现代科技知识和科学技术的掌握，提升了他们在家庭中的地位，增强了他们在经济上的独立性与自主性，这必然弱化老年父母在家庭中的领导地位和对资源的支配权力。但是血缘纽带和道德约束还会促使子女与父母在多方面相互给予支持。现代社会子女在家庭养老中的缺位，妇女走向社会就业，家庭养老资源稀缺，一方面凸显老年人需要家庭照护的重要性，另一方面也提高了老年父母在照料子女、从事家务、提供帮助中的重要性。而社会交换理论则从“经济人”的视角揭示了代际之间存在的一种互惠交换关系。如父母抚养子女，在生活、医疗、教育等方面投资，是父母为确保安度晚年而进行的一种具有养老保障性质的投资。随着子女长大成人，走上工作岗位，父母年轻时的这笔投资就会保值、增值，带来良好的回报。杨善化等人（1999）认为，中国家庭的代际支持行为沉淀了中国传统文化与道德伦理成分，是责任内化理论的延伸，反映了亲情和伦理道德的本质。

社会学家埃默逊和布劳提出的社会交换理论认为，社会中的每一个人都占有不同的资源、社会资本，有不同的个体需求。社会互动、社会交换是资源占有者依据各自利益，以最小成本实现利益最大化，满足需求的手段和方式。依据老年人参与社会生活的内在机理，多德认为，老年人社会地位下降的原因是老年人缺少可供交换的权力、资源、资本。所以，应从老年人的权利、资源、资本等不同角度去认识理解老年人的处境，并依此制定与其相关的制度、政策，增加老年人的权力、资源、资本，保持老年人在社会互动中的互惠性、活动性和独立性。①

四、家庭养老功能弱化理论

Mason（1992）提出家庭养老功能弱化理论（转引自陈永杰等，2013：27）。该理论认为，工业化、城市化、老龄化、家庭小型化是现代社会的发展趋势。人口的大规模流动，父母与子女的两地分离，空间距离的拉开，正在不断弱化家庭养老的功能。现代家庭结构的变化会促使家庭成员急剧减少，家庭养老资源缺失，老年父母家庭养老环境恶化，使家庭所具有的生活照料、经济支持、精神慰藉能力被削弱。因此，当老年人失能半失能靠自身能力难以维持生活时，家庭则难以对年迈父母给予及时的生活照料、经济支持和精神慰藉，而使老年人陷入生活困境。

应该看到，现代社会人口的大规模流动、大批农民从农村进入城市、大量青壮年为了生计在城市间流动、子女与父母的分离必然减少对老年人的各种支持，尤其

① 社会交换理论参见仝利民．老年社会工作［M］．华东理工大学出版社，2006：106-107.

是生活照护和精神情感上的支持。几代人同堂的家族式家庭不复存在，代际间支持力度减弱。因此，老有所养既是公民的权利也是政府的责任。保障老年人权利、发展社会福利是现代政府的重要职责之一。政府在为老年人提供社会正式制度性照护支持与非制度性照护方面，发挥着重要作用。

五、成功、健康及积极老龄化理论

随着人们对老龄化社会的内涵与本质理解的深入，相继提出了成功老龄化、健康老龄化和积极老龄化的理念，进一步充实丰富了老龄化理论的内容。成功老龄化理论是学者哈维格斯和加里·安德鲁斯在 20 世纪 80 年代提出的（转引自杜鹏，2003）。1987 年，美国学者罗威（Rowe）和卡恩（Kahn）指出，在人口老龄化过程中，外在因素只起中性作用，甚至抵消内在老龄化进程的作用，从而使老年人的各方面功能不再下降，或只有很少下降（转引自杜鹏，2003）。该理论认为，尽管从总体上分析，老年人生理机能的老化是一个不可逆的过程，但由于机能老化是一个人自身健康状况不断变化的过程，且人与人之间差异较大，所以，通过外在因素的积极干预，提高老年人的预防疾病能力、抗衰老能力，使老年人保持良好的心态，可以有效延缓生理机能弱化速度，是老龄化社会推动老年人摆脱生活困境、化解社会风险的重要举措。

健康老龄化理论是 1990 年在第 40 届世界卫生组织哥本哈根会议上依据“开辟解决人口老龄化问题的通道”的议题提出的（王学义，2002）。1993 年，在第 15 届国际老年学会大会上，“科学要为健康的老龄化服务”成为大会的中心议题，提出人口老龄化含有个体老龄化和群体老龄化两层含义（顾大男等，2000）。这一理论强调，健康老龄化社会是建立在老年人个体健康生活基础上的。这一社会与人口老龄化的发展相适应，能有效化解人口老龄化带来的老年人易患病、失能、过早衰老等消极因素。健康老龄化是应对人口老龄化、解决人口老龄化所带来的社会问题的一条重要路径。

积极老龄化理论是 1996 年，世界卫生组织作为工作目标提出来的，并写进联合国第 2 届世界老龄大会政治宣言。积极老龄化理念由三个基本共识组成：一是健康，认为老年人在生理机能、心理状态、道德健康和社会适应等方面处于良好状态；二是参与，认为老年人应从自身健康状况和需要出发，积极参与社会活动，融入社会；三是保障，认为政府、社会、家庭、企业有责任、有义务按照法律规定对老年人进行经济援助、人道主义帮助、社会支持。其主要内容是使老年人在政治上得到应有的公民权利，受到法律保护，经济上、精神上得到社会支持、尊重、爱护、慰藉。积极老龄化理论是对成功老龄化理论和健康老龄化理论的创新与发展，它深化拓展了老龄化的内涵与外延，突破了将人的衰老单纯理解为生理状态的局限性，认为人在老化过程中，在生活的各个方面应该享有各项平等权利。老年人是家庭和社会的宝贵财富，应该通过不懈努力保持延长老年人生理、心理、社会参与方面的良好状态；应该积极创造条件帮助、支持、保障老年人参与并融入政治、经济、文化、精神等各项社会公共事务，使老年人老有所养、老有所医、老有所学、老有所为、老有所乐。

六、社会支持网络理论①

社会支持网络理论认为，人们之间的相互联系与互动形成了稳定的关系网络，随时影响制约着人们的行为，而正是社会网络的存在，使人们从中获得物质、精神等方面的各种社会支持。在这个相互交错而成的网络系统中，社会成员依据自己在网络中的不同位置，联系不同的强弱关系，归入不同的群体，从而形成老年人群体、亲属群体、社区群体等，用于动员、拥有、寻求不同的社会支持。

社会支持的表现形式多种多样，涉及社会关系和社会生活的各个层面。所以，在一个拥有丰富社会资本存量的社会网络中生活，会获得较多的社会支持。从这一理论可知，社会中每一个人都将获得社会网络的支持并从中获得各种资源的帮助。由此，老年人的个人行为是与其在社会支持网中的地位密切相关的。老年人的生活是受社会支持网的影响和制约的。老年人的个体特征、老年人在社会网络中的位置直接影响其对资源、信息的占有和利用。而且这种关系是一个互动的过程，是通过社会支持网的规模、结构、时空分布、互动频率、关系强度表现出来的。通过对这些因素的分析，了解老年人社会支持网的规模、个人对资源信息占有的程度以及获得各种社会支持的渠道与形式，从中发现老年人的感觉性需求、表达性需求。此外，预测老年人的比较性需求或潜在需求，为老年人提供各种必要的社会支持，也是非常必要的。

理论简评

满足老年人的需求是制定政策、制度的出发点和归宿。需求理论深刻揭示了老年人多方面、多层次、异质复杂需求的成因，表明老年人不仅有物质层面的需求，还有情感等方面的需求，不仅有规范性需求，还有表达性、比较性需求。而长期照护需求则是众多需求中最主要、最复杂的需求，并制约着养老服务供需矛盾的走向。因此，应注重多方面满足老年人日益增长的各种需求，更应研究解决长期照护需求。生命周期、代际支持和家庭养老功能弱化等理论，解释了家庭养老的内在机

① 社会支持网络理论将在第三章详述。

理，从世代交换、利益交换、权力交换、互惠互助的独特理论视角阐述了家庭在养老中的基础性作用、家庭在长期照护中的主导地位。应注意到，家庭养老功能随着工业化、城市化的发展，人口流动、子女与父母的分离，正在不断弱化，必然影响、制约父母与子女的代际关系和代际间资源的配置交换，凸显长期照护在养老服务中的核心地位，使家庭养老责任外溢与国家责任内化，养老社会化成为发展趋势。成功、健康、积极老龄化理论的提出是人类对社会和自身价值认识上的深化。从积极的视角，指出外界干预是提高老年人生活质量、摆脱老年生活困境的重要举措，进一步深化了人们对老龄化社会的认识，拓宽了老龄化的内涵和外延，使人们对老龄化社会有了更全面的认识与理解。国家和社会不仅要保障老年人处于良好的健康状态，还要保障老年人融入、参与社会，给老年人以政治、经济、道德层面的帮助。推行健康积极老龄化的过程，就是有效提高老年人的生活质量，使健康、参与和保障机制达到最优的过程，从而化解老龄化带来的消极负面因素，使老年人这一宝贵财富更好发挥作用，体现全社会的责任。社会支持网络理论则突出认识、分析了老年弱势群体的成因，对如何向老年弱势群体提供社会支持在理论上有了更深入、全面的把握，为在养老服务中应尽的国家与社会责任，提供了理论依据，为动员、挖掘、整合正式与非正式社会养老资源，为构建老年人长期照护社会支持网络提供了新的理论视角。

总之，我国作为发展中的老年人口大国，养老基础薄弱，公共服务资源不足，政府职能缺失，养老服务供需矛盾突出，特别是长期照护的供给严重不足，使我国社会面临严峻的挑战。如何发挥政府、家庭、企业、社会在养老中的主体作用，采取有效措施解决养老服务中老年人长期照护的供需主要矛盾，保障老年人权利，使其分享社会经济发展成果，是需要认真考量的重大民生问题。

第二章　老年人长期照护的理论解析

第一节　老年人长期照护的概念及内涵

长期照护这一术语在国际上简称 LTC（英文 Long-term Care 的缩写），已经成为人类探讨老年人生活、生命的重要课题。长期照护是指对因高龄、患病导致生理机能老化、生活自理能力下降的老年人所进行的生活服务和医疗服务。Coy 等学者（1997）认为所谓长期照护，是当一个人不能独立完成 ADL（Activities of Daily Living，日常生活能力）活动而必须由他人辅助才能完成时所需要的医疗、个人以及社会服务。经济合作与发展组织（OECD）（2005：21）将长期照护定义为需要日常生活活动帮助的人所需的一系列服务，通常是辅助医疗服务，例如创伤敷裹、疼痛管理、药物处理、剂量测定、预防、康复等服务。尽管长期照护是围绕人是否具有自我照护能力来阐述的，但在不同的官方文件中，对“长期照护”这一概念的内涵理解上有着较大的区别。如英国学者更强调“社区照护”这一概念，强调所针对的主体为老年人，目的是避免过去院舍照护的弊端。

对长期照护概念的不同表述，主要在于“长期照护”一词是针对老年人健康出现问题而言的。而对“健康”一词可以做不同解释（Aggleton，1990）。一般传统上的生物医学对于不健康的解释是身体的正常状态由于疾病的侵扰而中断。而世界卫生组织将健康定义为“一种包括了身体的、精神的和社会的完好状态，而不仅仅指不生病或者身体虚弱”（转引自罗布·巴戈特，2011：4）。前一种传统生物学定义偏向于消极视角，而世界卫生组织的定义更倾向于积极视角。对于老年人而言，身体步入生命周期的最后一个阶段，健康已经不再是巅峰时期，因此在长期照护制度的研究中，应更加注重有关预防老年人失能的研究，尽早进行干预，这有利于延长老年人全能生活周期，缩短失能周期，节省支出。

随着人们长期照护实践的不断深入，对其本质的认识也不断深化，近年来对长期照护的界定呈现日趋宽泛化的趋势。如美国健康保险学会认为，被照护主体包括老年人和功能性损伤的人，对疾病的界定也应扩展至患有慢性病，提供的长期照护内容应包括医疗、社会、居家等支持性服务。

国内学者将引自国外的“Long-Term Care”这一术语翻译为长期照护、长期照料、长期护理、长期照顾、长期介护等。我国著名人口学家邬沧萍（2001）将老年人长期照护定义为：老年人由于心理、生理受损，生活不能自理，在一个较长时期甚至无限期需要别人在日常生活中给予广泛帮助，包括日常生活照料和医疗护理（包括医院临床护理、愈后的医疗护理和康复护理及训练等）。此定义涵盖了社会照护与医疗照护两方面内容。国内已有的研究大多将失能程度作为老年人长期照护的重要指标（如尹尚菁、杜鹏，2012）。相对而言，我国台湾地区学者对“长期照护”概念所包含内容的理解更为宽泛。谢美娥（1993）认为，从比较不严谨的观点来看，只要是能够帮助一个丧失日常生活能力的人过得更为独立、更舒适和更有尊严的相关服务都可以算作是长期照护服务。

从诸多学者对长期照护的定义中可以看出，长期照护不仅有满足生理健康需求的服务内容，也有满足社会心理及信息需求的服务内容，涵盖了医疗和社会照护，是强调连续性、全人性的照护概念。所以长期照护的内容主要指个人生活服务、医疗护理、康复、保健和社会支持性服务。照护方式主要指由专业机构及人员提供系统化、综合性的正式照护和家庭、邻居提供的非专业性照护。照护周期主要指照护的连续性和间歇性，时间上可短至几天、几十天、几个月，长至一年、几年、几十年乃至终生。由此可以看出，长期照护是一种满足老年人最基本生存需求的、本原性、复杂性的深层次服务行为。长期照护服务与养老服务有一定区别，养老服务内容较为宽泛；而长期照护的服务对象有限，服务内容明确，服务形态固化，反映了养老服务的深度与难度，是养老服务的核心内容。按照概念内涵的规定性越小、外延越大的逻辑原理，养老服务的外延周延了长期照护的外延。所以，养老服务涵盖了长期照护的所有内容，二者在服务上具有本质上的一致性和目的上的相同性，从而揭示了二者之间的种属关系，表明二者是有机的整体。

综上所述，长期照护实际上是一种涵盖了医疗照护和社会照护、以社会照护为主的照护服务（参见施巍巍，2012：18-19）。可以看出，长期照护的学术概念是与急性照护有所区别、相对独立的，因而以往的健康政策或医疗政策，即所研究的养老保险和医疗保险政策，从广义上讲，虽然涵盖了长期照护政策，但并不全面有效。发达国家的实践表明，老年人长期照护政策已经独立于主要解决急性照护问题的健康政策。因为长期照护的内涵指向，是向缺乏自我照护能力的个人提供生理、生活和心理的康复照料和精神慰藉及社会交往、临终关怀等一系列综合服务。它包括医疗服务、居家服务、社会服务、设施服务及其他支持性服务，目的是提升或维持被照护者最佳的身体的、心理的、社会功能状态，使其生活舒适、独立、自主，有尊严。

第二节　老年人长期照护的发展趋势

长期照护的对象不仅仅包含老年人，也包含其他各类丧失日常生活活动能力的群体。但是老年人无疑是长期照护服务的主要受众群体，这是因为随着年龄的增长，老年人失能与疾病的比率愈发增高。国外的研究表明，65 岁及以上的老年人中，至少有 85%的老年人患有一种或一种以上的慢性疾病（Kinney，1996：667-668）。2010 年中国第六次人口普查资料显示，中国大陆 60 岁以上老年人口已达到 1.78 亿。实际上，我国 60 岁以上老年人的余寿中有三分之二的时间处于“带病生存”状态。目前我国大约有 3000 多万老年人需要不同形式的长期照护，5%的老年人有入住养老机构的愿望。[①] 2015 年，我国部分失能和完全失能老年人将达 4000 万人（张恺悌等，2011）。因此，从老年群体开始研究长期照护服务政策的制定，无疑具有重要意义。

老年人长期照护强调连续性。长期照护与急性医疗照护有明显的区别。从照护服务的对象上看，急性医疗照护的对象是短期的生理功能障碍者，而长期照护的对象是由于身体上、精神上或认知上有功能障碍而需要长时间日常生活照护的人。从服务的内容上看，急性医疗照护的内容只包括医疗护理，而长期照护是医疗照护与社会照护的综合，是一种跨医疗和社会服务领域的服务，具有以生活照护为主、医疗照护为辅的特点。这一点与急性医疗照护有所区别。急性医疗照护一般是对患者的危机情况进行短期治疗。从目的上看，长期照护的目的一般是较长时间恢复或维持长期照护需求者的功能，而非急性照护治疗中对病人的短时间救治。从服务特点上看，医疗照护的专业性非常强，对于专业技术的要求很高，而长期照护则以日常生活起居照护为主要内容，有日常功能性的帮助，例如洗澡、穿衣或走动，因而长期照护的服务特点偏于劳动密集型（参见施巍巍，2012：18）。目前，在出台了长期照护制度的国家，日益重视对急性照护和长期照护部门之间进行资源整合，主要目的是尽量地减少机构照护资源，增加社区照护资源，整合医疗照护部门和社会照护部门之间的资源（Leichsenring，2005：15；转引自施巍巍，2012：203）。

长期照护的内容范围日益广泛，是目前各国长期照护政策的重要发展趋势。从国外早期的长期照护特点看，主要是针对严重失能的老年人，更注重机构照护模式。但是随着老年福利的完善，加之对老年人失能预防重要性认识的提高，长期照护的内容不再仅仅局限于针对重度失能老年人的医疗照护，还包含针对老年人日常

---

① 完全失能老人超千万，我国凸显“长寿不健康”现象［EB/OL］. 新华网，2011-11-27. http：//news. xinhuanet. com/society/2011-11/27/c_ 111197879. htm.

生活的社会照护，如送餐、洗澡、外出等项目，使其具有了照护范围的广泛性。如陈建中（2001：118）将长期照护服务的内容分为三类，第一类是技术性服务（促进健康、预防疾病、治疗、康复等医疗卫生服务或者护理）；第二类是管理性服务（信息收集和管理、社区动员、教育和培训、志愿者队伍建设等）；第三类是日常生活照料服务（个人照料、家庭帮助、社区互助等）和人文关怀（咨询及情感支持等）。在现代社会中，长期照护涉及的内容日益广泛复杂。

第三节　老年人长期照护对象及需求

一、长期照护需求对象①

任何一项社会福利制度都需要以服务对象的需求为主要供给基础。由以上阐述得知，长期照护的主要服务对象是老年人。对长期照护的供给需求可以依据老年人的失能程度进行评估分析。在微观层面上，可以通过不同的量表技术定义和评估失能。目前，发达国家从功能角度评估老年人长期照护需求的量化标准有两类，一类是日常生活活动功能（Activity of Daily Living，ADL），主要的 ADLs 指标一般涵括吃饭、穿衣、上厕所、室内走动、上下床和洗澡六项能力。另一类是辅助性日常生活活动功能（Instrumental Activity of Daily Living，IADL）。IADL 一般是为了减轻照护工作或增加被照护者的自理能力而提供辅助器具的帮助，如照护床、轮椅、升降装置等。各国在制定政策时，大多利用 ADL 和 IADL 作为评估标准，评价失能老人的失能程度（参见表 2-1）。一般情况下，发现有一项功能较弱，即有失能的发展趋势，就需要接受长期照护。因为如果及时进行干预，被照护者有逐渐康复、生活自理的可能。

表 2-1　各国对于失能的定义

国家	失能的定义	失能老人占比
奥地利	对于失能的评估是依据一个人需要照护的时间。所有的失能者或者患慢性疾病的人，每月需要至少 50 小时的陪伴以及照护，才有权获得照护津贴	占 65 岁以上老年人口的 21%（1996）

① 参见施巍巍．发达国家老年人长期照护制度研究［M］．北京：知识产权出版社，2012：38-42.

续表

国家	失能的定义	失能老人占比
丹麦	如果老年人无法完成如下 IADLs 中的四个项目，则被认为是失能的：煮饭、购物、清洗以及交通。此外，若在下列六项个人活动中有一项需要帮助，即吃饭、穿衣、洗澡、上厕所、大小便控制以及行走，也被视作是失能	占 70 岁以上老年人口的 10%，依赖 IADL 的帮助（1989）
德国	有 LTC 需求的人在个人卫生、进食或者行动中每天至少需要两种以上活动的帮助以及每周需要几次家务帮助	占 60 ~ 80 岁老年人口的 5.6%，占 80 岁以上人口的 18%（1995）
法国	完全失能意味着卧床或者在轮椅上，或者非卧床坐轮椅，但是必须在帮助下才能穿衣、上厕所	占 65 岁以上老年人口的 3.6%（1990）
荷兰	对于失能的界定是依据 ADL 的损伤指数以及 IADL 的程度，分为四个类别：（1）轻度或者没有失能，即没有 ADL 问题以及 IADL 问题，几乎完全是独立的（至多需要一种活动帮助）；（2）中度失能，即 ADL 指数是独立的，至多两种家务活动需要帮助；（3）重度失能，即一种或者两种 ADL 活动有依赖性以及同时在许多家务活动上都有困难；（4）严重重度失能，即许多 ADL 活动都有困难以及家务活动均不能做	占 65 岁以上老年人口的 86.2%
瑞典	B 类=所有的 IALD 以及一种以上的活动需帮助； C 类=所有的 IALD、洗澡以及一种以上的活动需帮助； D 类=所有的 IALD、洗澡、穿衣以及一种以上的活动需帮助； E 类=所有的 IALD、洗澡、穿衣、上厕所以及一种以上的活动需帮助； F 类=所有的 IALD、洗澡、穿衣、上厕所、移动行走以及一种以上的活动需帮助； G 类=所有的活动都是依赖性的； 其他的=在两项或者更多的活动中（但不是在以上分类中）是失能的	65%在护理之家：A 类占 5%；B、C、D 占 9%；E、F 占 58%；G 类占 25%； 其他的占 3%；65 岁及以上在社区内：B 类占 11.3%，E 类占 2.4%
英国	被定义为短期失能的人可能会有例如洗澡、洗衣的需求，需要在每天具体时间内得到满足，至少一天一次；失能者的需求一般是不可预测的，例如上厕所，通常需要 24 小时监护	占 65 岁以上老年人口的 15%。

续表

国家	失能的定义	失能老人占比
挪威	完全失能的人=在工具性以及个人的日常活动中长期和严重失能	占 67 岁以上老年人口的 6~7%；10%~25%的 65 岁以上在家中居住的人在购物和清洗方面需要帮助；2~4%需要穿衣帮助以及在室内活动（1995）

资料来源：Pacolet J. Social Protection for Dependency in Old Age：A Study of the Fifteen EU Member States and Norway [M]. Aldershot：Ashgate，2000. 37–39；转引自施巍巍．发达国家老年人长期照护制度研究 [M]. 北京：知识产权出版社，2012：40–41.

随着年龄的增加，老年人失能的风险也随之增加。一些学者对欧盟国家不同年龄老年人失能程度的研究数据显示，失能人口占总人口的比例因年龄而显著不同：65 岁以上的人口中有 3%~5%的人严重失能，15%的人部分失能；75 岁以上的人口中，失能率会达到 10%，部分失能率会达到 25%。可见，在 75~80 岁年龄组中，严重失能老年人所占的比例非常大（Pacolet，2000：31）。发达国家在制定长期照护政策过程中，将失能作为其中非常重要的评估依据，来确定老年人应获得的长期照护服务或者津贴。

表 2–2　德国对长期照顾三个层次的界定

需要的类型	第一层	第二层	第三层
有基本 ADL 照顾需要	有两项 ADL 照顾需要且每天一次	每天需要三次且不同时段	需要日夜照顾
有 IADL 照顾需要	至少每周一次	至少每周一次	至少每周一次
需要照顾的小时数总和	至少每天 1.5 小时，其中 ADL 照顾需要不少于 45 分钟	至少每天 3 小时，其中 ADL 照顾需要不少于 2 小时	至少每天 5 小时，其中 ADL 需要不少于 4 小时

资料来源：陈永杰，卢施羽．中国养老服务的挑战与选择——基于南海区的实证研究 [M]. 广州：中山大学出版社，2013：152.

失能是一个多维度的定义，包含身体维度、精神维度、社会维度以及经济维度。社会维度可以用社会支持网络进行衡量，经济维度与生活条件和收入相关。各国出台的保险制度主要是针对失能老年人的经济维度，为失能老年人提供相关的生活条件和收入补贴。而长期照护还应包括为老年人提供社会维度方面的支持、供给。因此，本书利用社会支持网络工具来测量失能老年人或者假设未来出现失能状况时的社会支持网规模和特点，探析老年人在失能、半失能或者假设失能、半失能情形发生时的社会支持网络特点。

二、长期照护需求的内容

相对于普通人的需求，老年人的长期照护需求更具有复杂性和异质性。基于马斯洛需求理论，老年人的长期照护需求分为五个层次，即生理需求（吃、穿、住等）、安全需求（安全、健康）、情感需求（友谊、情感、归属感等）、尊重需求（自我尊重以及尊重他人）以及自我实现需求（自我价值）。具体包括：

（一）生理需求

生理需求中所包含的衣、食、住等日常生活需求，是老年人最本原的需求。对于生活自理能力有限的老年人而言，这些本原的需求是老年人最急需的。尤其对于重度失能的老年人而言，穿衣、吃饭这些简单的日常活动都需要在其他人的帮助下才能够完成。即使是轻度失能的老年人，也因行动不便，需要他人的帮助。而目前满足这一需求的手段在我国主要是提供经济保障，即保障老年人的经济收入。由于老年人大多已经游离于职场以外，不再属于劳动人群，收入也明显低于劳动群体。大多依赖于退休工资、个人储蓄、其他渠道和其他亲属尤其是子女的资助，或者依赖于政府的救助等才能够购买日常所需的消费品、一日三餐、营养需求以及应对气候变化所需要的衣物和相应的照护服务。由于我国人均经济收入水平较低，虽然在制度上实现了全民覆盖的社会养老保险制度，即城镇职工基本养老保险制度、城镇居民基本养老保险制度、新农保制度以及其他特殊群体的救助制度，但是发放额度相对不高，贫困老年人数量众多，这些经济收入很难满足老年人的照护需求。2016年《中国老年社会追踪调查》研究报告显示，虽然我国城乡老年人领取养老金的比率为85.9%，但是依靠养老金生活的老年人比率在城市中为71.95%，在农村这一比率仅为17.22%，尚不能满足老年人的基本生活需求。

改革开放以前，由于计划经济时期实施的低工资、相对免费的福利体制，老年人的个人积累较少。计划生育政策导致的“4-2-1”家庭结构也使得老年人很难实现养儿防老这一愿望。所以，面对老年人这一失能半失能率高发的群体，实现老年人长期照护需求的满足，具有挑战性，需要来自子女、亲属、社会、市场的多方支持，才能够得到相应的满足。对照护需求的满足更多地体现在“老有所依”上。对于需要长期照护的老年人而言，仅仅有经济收入是远远不够的。

（二）安全需求

对于老年人而言，安全需求更多的是强调身体健康、财产安全。老年人退休后，面对市场高昂的照护费用和自己的健康状况，会担心他们目前和未来的收入能否承担照护支出，因而个人的不安全感是普遍存在的（Walker et al.，1993）。人口平均寿命的延长不一定保证健康以及高质量的生活。无论是贫困或者低收入老人还是经济收入较高的老人，对于医疗、护理等方面的需求都尤为突出。健康水平的下降使得老年人行动不便、智力衰退、生活自理能力下降。尤其对于需要长期照护的老年人来说，这会增加其不安全感。我国自计划经济向市场经济转轨、市场介入非经济领域的卫生医疗体系以来，高昂的医疗费用使身体处于疾病高发期的老年人无法承担。尽管我国目前已经陆续出台了大病医疗保险制度，但是由于医疗资源分配不均导致的看病难以及医药不分业、医药流通环节不畅等原因导致的看病贵等问题突出，使得老年人的安全需求难以得到满足。

（三）情感需求

情感需求在老年人尤其是重度失能的老年人中往往会被忽视。但是依据马斯洛需求层次理论，情感需求也属于较低层次需求中的一种，属于人的一种基本需求，是由人的社会属性决定的。每个人都渴望爱与被爱，希望能够获得家庭成员、同事、朋友的爱，希望能够与人交流。《英国医学杂志》① 刊载的一项研究成果表明，长期单身的人记忆力非常“脆弱”，年老后很容易出现比较严重的记忆受损或者失忆症状，罹患老年痴呆的风险也较高。研究认为，在婚姻生活中，夫妻间的沟通互动不仅能在不知不觉中让大脑得到锻炼，积极刺激记忆力发展，还能相互填补“记忆漏洞”。这一研究从某种程度上说明，老年人如果没有情感支持、与他人的交流互动，不仅会影响身心健康，而且罹患老年痴呆的风险将会陡增。因此，情感支持是老年人长期照护过程中迫切需要的。由于行动不便，老年人生活圈子日渐缩小，也更容易产生孤独感。老年人从原有开放的工作环境走向相对封闭的家庭，更需要来自家人和亲朋好友的情感支持。但随着家庭的日趋核心化、小型化，子女与老年人的居住距离不似以往，长期独居或者空巢的、失独的老年人会日益增多。对于丧偶或者离婚、独居的老年人，孤寂的生活会使其自觉边缘化或被社会边缘化，更容易产生心理疾病。对此，应加强对老年人的精神支持，鼓励其参与社会活动，满足老年人的情感需求，使其能够“老有所乐”。

（四）尊重需求

在传统中国的宗族社会、自给自足的小农经济中，老年人是生产和生活经验的主要传授者。儒家文化倡导的“孝道”等道德价值观也赋予了老年人至高无上的权威。因此，老年人在家庭中具有很高的地位，会受到家族中年轻一代的尊崇，尊重需求可以被满足。但是现代社会家庭规模小型化，使得老年人的这一传统权威性受到严重削弱，传统的角色正在消失。在市场经济体制中，人的价值往往是由其在市

① 徐澄．偷走记忆的五个贼（细心呵护）［N］．生命时报，2013-07-09，07 版．

场中创造的价值和支付能力来决定的。老年人退休后，随着家庭子女走向社会后社会经济地位提高、独立自主性增强，加上孝文化等传统伦理道德受到极大破坏，老年人在家庭中逐渐被边缘化。老年人由过去的家族权威逐渐被定位为依赖者，无论是在社会中还是家庭中，由老年人做决策的时代已经逐渐过去，导致老年人的受尊重需求无法被满足。尤其是对行动不便、身体出现轻度或者重度失能症状的老年人而言，极易被家庭或者社会视作一种负担受到歧视而忽视他们的自尊需要。满足老年人对尊重的需求需要我国传统孝文化继续发挥作用，需要弘扬尊老敬老的优良传统，建立良好的社会风气。

（五）自我实现需求

老年人虽然已经从劳动力市场中退出了，但不能否认老年人是社会中经验最丰富的群体，他们积累的诸多生活经验和工作经验，对于社会来说无疑是一笔宝贵的财富。老年人本身也希望能够将自己一生积累的丰富经验传递给下一代，继续发挥余热，积极参与社会生活，同时获得社会的尊重和认可，实现“老有所为”。我国《老年人权益保障法》也强调“老有所为、老有所学”，强调老年人可以利用自己一生储备的知识和经验，继续实现自己的人生价值。因此，可以通过向老年人提供参与社会活动的机会，来帮助老年人实现自己的价值。需要长期照护的老年人，尽管行动不便，有被他人照顾的需求，但是并不等于没有自我实现的需求，老年人自我实现的过程，会扩大其交往网络，增强其交往频次，降低老年人需要长期照护的概率。

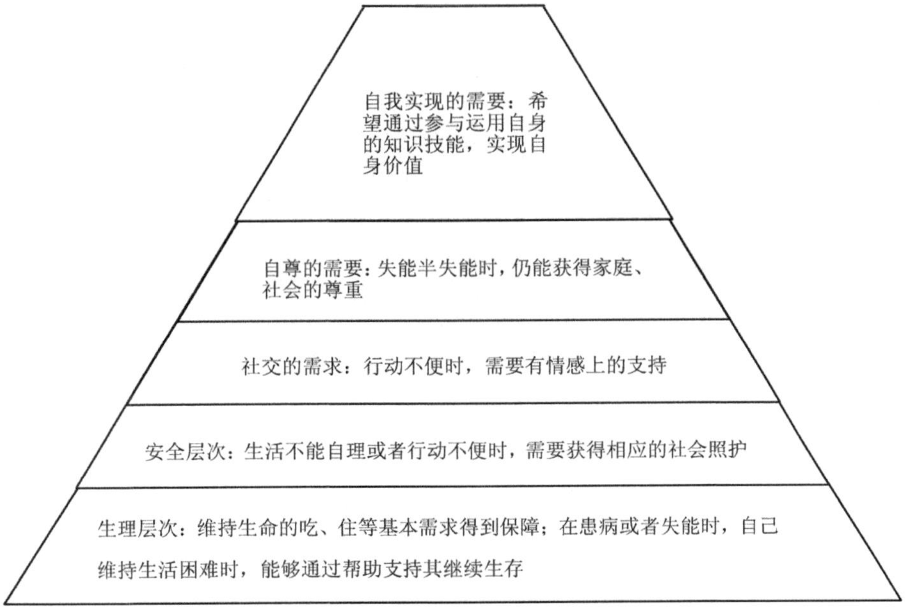

图 2–1　老年人长期照护需求示意图

三、长期照护的主体

在近代以前，老年人照护者的主体主要是属于私领域的家庭，维系的纽带更多的是血缘和亲情。但是随着二战后欧洲福利国家的建立，社会照护供给已经不再仅仅由私领域的家庭提供，因此诸多学者开始依据不同的标准对照护供给者的类型进行分类。世界卫生组织认为，长期照护应由正式照护者和非正式照护者以及志愿者对因健康问题而需要长期照顾者提供医疗和社会生活服务，以保证那些不具备完全自我照料能力的人能够继续得到其个人喜欢的以及较高的生活质量，获得最大可能的独立、自主、参与、个人满足及人格尊严（林艳，2007：50-55）。在世界卫生组织的定义中，正式照护者是指医护人员、社会性的服务人员和工作人员，非正式照护者是指家庭成员、亲戚、朋友、邻居等。

机构照护的供给来源较为清晰，基本处于公领域中，因此无论是非营利组织、营利组织还是政府提供的机构类型，均被划归为正式长期照护服务来源，特点是照护服务具有收费性质，强调输送服务的组织性、制度性。家庭照护的主体往往与被照护的老年人有亲缘或者业缘关系，因此，也被明确划分为非正式长期照护来源，并形成非正式社会支持网络。居家照护这一模式由于涵盖了正式与非正式照护，因此相对比较复杂。此外，在发达国家中，越来越多的私领域照护者受到正式支持体系的资助，使得私领域与公领域之间照护服务的界限越来越模糊。

Cantor 等（1985：748-749）学者提出层级补偿模式，即认为亲属（特别是配偶和子女）是社会支持的核心，其次是朋友、邻居，最后才是正式组织。失能老年人首先和最常去找非正式体系的家属、亲友协助，除非家属亲友不在时，或者是亲属和重要他人不能再承担协助的负荷时，才会向正式体系中的照护机构求助。另有学者利用生态系统的观点对老年人的照护服务进行阐述，从宏观与微观的视角阐述老年人正式照护和非正式照护服务来源。Allen-Meares（1986）认为，在生态系统视角下，构成个体所处环境最内层的是个体以及微视体系；环境的最外层则是由意识理念、社会组织与社会的文化习俗组成的，即矩视体系，两者之间靠近微视体系的是中介体系，靠外侧的是外视体系。中介体系是由个人生活中较近的团体或者场所组成的，如家庭、亲友、同事等；外视体系则是由对个人产生影响的社会组织构成的，如地方政府、社区资源体系、休闲娱乐场所等（转引自曾竹宁，2001）。曾竹宁①（2001）将其应用于失能老人社区照护服务的网络中，描绘了一幅失能老人长期照护服务生态区位环境图。他认为，位于最内环的

① 参见曾竹宁．失能老人社区照顾服务网络建构之研究［D］．台湾东海大学社会工作学系博士论文．2001．

是失能老人个体本身，区位图中的微视系统涵括了失能老人及其家庭，中介系统则包括了与老人较为亲密的亲人、朋友、邻里，外视系统涵括了社会服务体系、医疗保健体系、宗教文化体系以及提供休闲娱乐、交通、居住、教育、司法安全等方面的服务系统，最外环的矩视系统则涵括老人所处社会的文化、政治、经济、哲理以及意识形态（参见图 2-2）。

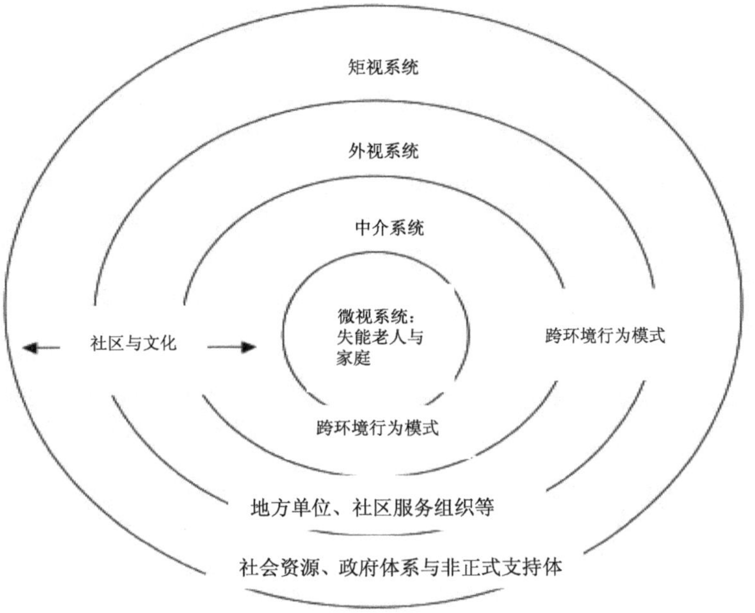

图 2-2　失能老人长期照护生态区位环境图

资料来源：曾竹宁：失能老人社区照顾服务网络建构之研究［D］. 台湾东海大学社会工作学系博士论文，2001：60.

在生态系统视角下对失能老年人长期照护生态环境的描述，与层级补偿方式的论述有类似之处，都是以老年人为核心，然后按照层级的方式将照护者向外延展。生态系统视角观点更清晰地将老年人的长期照护服务来源放在微观和宏观的环境中剖析，从系统的角度展示了正式照护主体和非正式照护主体之间的关系。

Pfau-Effinger 等（2005）提出了“半正式照护”的概念，它主要指以家庭为基础的一种带薪照护形式，也表明了正式与非正式照护概念之间的模糊界限，例如，可带薪休假照护父母（Pfau-Effinger et al.，2005：4；转引自施巍巍，2012：27）。如表 2-3 所示，这种照护来源，主要是根据工作关系的类型、工资与经济领域而区分为正式照护来源、非正式照护来源和半正式照护来源。

表 2-3 根据工作关系的类型、工资与经济领域而区分的正式与非正式照护工作

工作的类型	工作关系的类型	工资	经济领域
正式照护工作	标准的或者非典型的雇佣关系	有	所有的
与正式雇佣联合的非正式照护工作，照护父母主要为兼职工作	非典型的或者特殊的计划	有	所有的
不同的非正式照护工作形式，非正式照护就业	标准的或非典型的，但是没有登记就业	有	所有的
非正式家庭照护工作（通过亲属或者朋友）	非正式的、互爱的关系	没有	互爱的非正式的家庭经济
半正式的家庭照护工作（通过亲属或者朋友）	福利国家建构的照护关系	有（例如津贴）	互爱的非正式的家庭经济
志愿工作	非正式的、互爱的关系	没有（可能有一种补偿）	互爱的非正式的家庭经济（国家、非营利部门、公民社会）

资料来源：Pfau-Effinger B. Development Paths of Care Arrangements in the Framework of Family Values and Welfare Values ［A］ //Pfau-Effinger B.，Geissler B. Care and Social Integration in European Societies ［C］. Bristol：Policy Press，2005：4.

在当代，工业化、现代化的发展，使长期照护风险成了一种社会风险，因此，即使长期照护服务存在受益上的排他性以及消费过程的竞争性，也无法再像过去完全由非正式照护主体承担，完全推向市场也无法解决这种社会风险。但由于其存在排他性和竞争性，将其定义为纯公共产品，完全由政府来承担，即使是财力雄厚的发达国家也无法做到。更多的发达国家将其定义为准公共产品，由正式照护和非正式照护资源共同承担。因此，正式照护服务网络也必然影响老年人的非正式社会支持网络。这也是本课题的研究焦点。

吕宝静（2001）指出，老年人的正式照护体系包括经济和政治制度、公私立社会福利机构和基于血缘、地缘、种族而结合的人民团体。在本书中，也将我国总体以及案例城市的长期照护制度发展情况作为重点进行剖析。依照 Esping-Andersen 对福利国家的分类标准，即就去商品化程度而言（是指对劳动市场的依赖程度），正式照护去商品化程度较低，非正式照护去商品化程度较高。所谓商品化是指照护的费用缴纳与服务提供之间的关联程度，愈密切代表商品化的程度愈高，亦即正式照护的性质愈浓；反之，去商品化代表非正式照护的特性愈明显（曾蔷霓，2003：46）。按照照护的商品化这一特性，保姆需要由老年人在照护市场中进行选择雇佣，虽然在照护的筹资中，政府并未干预，但是因其商品化性质较强，本研究将保姆视作正式照护支持主体。

综上所述，在本研究中，首先将对案例城市的长期照护制度进行研究。在照护供给的社会支持主体中，将其分为正式社会支持主体和非正式社会支持主体，正式社会支持主体包括政府、社区、养老机构、保姆；非正式社会支持主体包括家属、邻居、朋友、同学等社会关系。

四、长期照护的供给模式

长期照护的模式，主要分为居家照护、机构照护及家庭照护。

根据照护模式出现的先后顺序，家庭照护是本原性最基础的照护形式，居家照护由此演变而来。家庭养老在中西方的历史上以及现在都占据着主导地位。有关美国纽约城市居家养老需求的调查表明，70%的初级支持服务由非正式照护提供者提供，且照护提供者2/3属于兼职（娄方丽等，2013），并非专业的、正式的照护者。在中国，在儒家孝文化传统下，家庭照护至今仍然是主要的照护方式。

机构照护模式起初是以一种慈善济贫的形式对老年人或残障者、穷人进行照顾。早期接受这种照护的老年人基本都是无家可归的最底层群体。这种院内救助只能保障老年人最基本的生活需求，并且带有施舍、恩惠之意。在近代，随着社会福利制度的不断完善，机构照护已经不再只是济贫之意，接受机构照护的老人也涵盖了各个阶层。机构照护已经成为老年人晚年生活的一种重要选择模式。

虽然从时间上看，居家照护的兴起时间晚于机构照护和家庭照护，但这种照护模式较好地弥补了家庭照护不能有效利用社会资源的不足和机构照护成本高不符合老年人偏好的缺陷，有效吸收整合了社会与家庭养老资源，给老年人以安全感，因符合老年人的偏好而广受欢迎，已经成为各国长期照护政策发展中的重要组成部分。居家照护模式最大的优势就是能够更好地满足老年人居家养老的需求。诸多文献研究已经表明，居家养老相对于机构养老，是一种便利适宜的养老方式（如Sherry，2002），并且成本也相对较低，具有降低医疗资源成本、节省就医时间的优势（Jorm等，1993）。已有研究表明，居家照护在整体上比机构照护可省下3~9倍的费用（Nielsen，1972）。机构照护模式的高收费也是居家照护兴起的重要原因。机构照护需要大笔建设经费、占地以及聘用专业服务人员，却只能为少量的老年人提供服务，给经济条件并不宽裕的老年人造成了沉重的经济压力。对于主要的非正式照护者即子女而言，居家照护往往成为他们的首选。Brody（1977：6）的研究表明，许多老年学研究的客观证据都显示成年子女并不会把机构式服务当作照护失能父母的首要选项，机构照护其实是被家庭成员视为最后而非最初的选择，往往是家庭成员历经身体、社会及经济重压之后所采取的一个迫不得已的最后决定。我国学者也对家庭养老和机构养老这两种养老模式进行了分析，认为机构养老成本高于家庭养老成本，发展以家庭养老为主的综合性社区照护服务能够提高养老服务的效用

(邓颖等，2004)。英国、瑞典等国家已经将居家照护模式作为对家庭照护的支持、尽量延缓老年人进入机构照护的时间或者减少进入比例的重要手段。

严格意义上说，居家照护是一种政策语境下的照护模式。居家照护模式的兴起与大型封闭照护机构频频传出的虐老事件有关。英国、瑞典纷纷开展了社区照护、就地养老等一系列居家照护模式。居家照护与家庭照护都是在家中进行。但是，在政策中的区别，在很大程度上体现为供给者的差异。家庭照护的供给主体是老年人的家庭成员，而居家照护则强调政府为了让老年人尽量在家中养老，而提供的一系列社会服务。早在20世纪30年代，已经有人指出家庭已经不能满足老年人长期照护方面的需要，同时陆续也有研究发现将失能老人送进护理机构，并非解决老年人长期照护问题的良好方式（吕宝静，1999)。有关居家照护的定义，学者也尚未形成统一，部分有医学背景的学者强调居家照护医疗护理方面，如Smith和Maurer(2000) 主要强调医疗服务人员在家里为老年人提供的医疗护理，需要根据病人及其家庭的需求制订居家照护计划，并签订相关协议。但是，现代各国政策中居家照护的内容越来越多地超越了医疗护理的层面，并且地点也不仅仅局限于居家，而是强调在社区内。因此英国指称居家照护所用词汇为“社区照护”(Community Care)，瑞典的居家照护政策中的政策词汇，更多选取的是“就近养老”(Aging in Place) 一词。将居家的地点外延做了一些扩大，目的是强调老年人无论是在自己的住房还是在周围较近的地区接受照护服务，均是在自己熟悉的环境中接受长期照护服务，以便使得非正式照护资源与正式照护资源有效联结。居家照护的低成本性、连续性符合老年人偏好，该模式既能增强老年人社会支持网络中的正式社会支持主体和非正式社会支持主体之间的联结，也能够增强老年人的归属感。

总体而言，长期照护服务中的三种模式彼此之间是补充关系，缺一不可，都是长期照护服务体系实现连续性服务的重要组成部分。本书拟对三种不同的长期照护供给模式的特点对老年人选择照护模式的影响做些浅析，进而探讨、分析老年人社会支持网络对选择三种照护模式的制约。

综上所述，三种长期照护模式，在成本、效率、质量、情感方面各有所长、互为补充。需要指出的是，社区内的托老所或者养老机构可以有效联结正式照护支持主体与非正式照护支持主体提供的资源，因此，在本研究设计的问卷中，对于老年人机构养老的选择，也区分为社区内养老机构或者托老所和社区以外的机构养老。长期照护既包含正式的由政府所提供的服务，也包含非正式的由家庭所提供的服务，其中正式的长期照护包含了有偿与无偿的照护。

第三章　长期照护社会支持网络分析架构

社会支持网络描绘了一个由网络组成的社会结构图像，个体成为这个网中的节点和关系（单元间相互关联方式）及分析单位。它作为一种分析工具提供了分析解释这些社会关系、人际影响、社会资本的理论视角，为分析形成社会关系的因果机制提供了一种研究架构。从社会支持网视角分析与长期照护相关的社会支持网的规模、关系强度，有助于了解老年人的社会关系、社会地位和所拥有的、可利用的社会资源，以便更好地为老年人服务；有助于制定符合老年人长期照护需求以及提高长期照护服务质量的政策。

第一节　社会网络分析的理论视角

社会网络分析（简称 SNA，Social Network Analysis）于 20 世纪 30～70 年代由英国人类学家拉德克里夫・布朗首次提出，而后 Barnes（1953）应用社会网概念对构成渔村的阶级体系进行分析，发现渔村的社会结构很难通过渔村中正式的社会地位进行阐释，而渔民的非正式社会支持网络，如亲属、朋友、邻居等非正式社会关系，反而能够更好地反映出真正的社会运作状态（转引自郑杭生，2008）。

社会网络分析是指对社会现象、社会问题进行的定量分析，认为社会现象能够通过人际关系和社会网结构进行解释（罗家德，2010：5）。它通过数理统计图论、因果模型等可测量的方法，透过纷繁复杂的社会系统表象之下个体或组织之间所形成的网络关系，来探究个体或组织间的相互影响和社会系统的结构关系。社会网络分析作为一种成熟的实证性研究分析社会结构的基本方法，在长期的社会实践中形成了具有鲜明理论基础和研究特色的方法论。因此，它既是一种研究分析社会结构的方法，也是一种思维方式。常规的研究方法比较注重定性与定量研究，以及分析事物的属性、本质特征，并通过统计分析、论证得出结论或通过对研究对象自身数据的数理统计分析进行现象描述；而社会网络分析则注重从社会网络中的人际关系角度分析处理相关数据，分析社会结构，探究由社会网络结构而产生的社会态度和社会行为。因此，与传统的社会学分析方法有着很大的区别。

一、从社会网络分析的研究角度看

社会网络分析是一种以社会结构的抽象概念为基础的研究范式。把社会网络分析作为考察社会关系、社会结构的方法，主要分析人们之间或由不同社会群体所构成的社会关系相互间的作用、所形成的社会结构及其属性。社会网络分析理论认为，一是个体行动者能够形成社会结构，但是社会结构也会对个体和集体行动形成制约，因此网络分析能够为研究社会结构以及解决社会问题提供新思路（林聚任，2009：49）。二是纽带关系具有强弱之分，强关系由社会特征相似的人群相关联，弱关系由社会特征相异的人群相关联。这些特征主要与性别、年龄、收入等因素有关，因而关系纽带是不对称地相互作用的。资源是通过纽带关系和网络根据内容、强度的不同而流动，通常是互惠性的。三是社会网络结构中虽然基本的社会关系是角色关系，但具有一定的情景结构特征，影响人们之间的互动及其关系。四是关系纽带的不对称性和网络结构的复杂性使资源分配不平等，个体在网络中的位置不同，其获取资源的方式多少也有所不同（林聚任，2009：52-53）。从这个意义上讲，老年人社会网络是指老年人与他人形成社会互动的社会关系的总和，主要表现为血缘关系、亲缘关系、地缘关系、职业关系等多个方面。其网络规模大小与其所处的社会地位以及所结识的熟人、朋友、同事多少相关，从而反映出其拥有社会资源的程度。

二、从社会网络理论的视角看

社会网络理论是运用社会关系或社会要素、人际关系、关系内涵以及社会网络结构对社会现象进行解释的理论架构（罗家德，2010：5）。按照社会网络理论①，人在社会中并不是孤立存在的，而是嵌入人们之间相互关联的社会网中，个人会随时受到社会网的影响，而改变效用函数。或者说，个人在现实生活中随时可以得到社会网络的支持帮助而排除生活中遇到的困难。同时，人际交往中所带来的信任与情感因素、个人在社会结构中的位置会影响其对资源、信息的获取，并受到制约，也会对与自己相关联的社会网规模及自身所拥有的、可获得的社会资源产生影响。同时，个人主观能动性还可改变这种结构，所以个人与集体之间的关系是一种相互作用、相互改变的关系。个人特征与社会网络的规模、紧密度、网络关系强度、趋同性、异质性有着直接的关系。从这一视角出发，社会中的每一个人都能获得社会的支持，并借以获得各种资源帮助。人们既可以从正式社会支持网络中获得资源，更好地生存、生活，还可以从非正式社会支持网络获得非政策性、非制度性支

① 参见罗家德．社会网分析讲义［M］．北京：社会科学文献出版社，2010.

持——主要是经济支持和情感支持。从总体上看，正式社会支持网络与非正式社会支持网络互相影响、互为补充，相辅相成。虽然也存在一定的矛盾和替代性，但本质上、总体上不是相互排斥、挤压的关系。在我国老年社会保障政策制度不完善的情况下，研究分析老年人的社会支持网络，可以更好地利用社会资源，帮助老年人，照料老年人。在物质上，支持、维持其正常生活，提高其生活质量；在精神上，慰藉、舒缓其精神压力，促进其身心健康，确保其安度晚年，更好地体现与实践联合国所倡导的成功、健康、积极老龄化理念。

三、从老年人的社会角色看

老年人离开工作岗位开始退休生活之后，意味着老年人工作能力不断丧失，社会角色不断淡化，家庭地位某种程度的下降。以往因业缘关系而构成的上下级关系、同事关系、师生关系、师徒关系正在逐渐淡化，表明原有的关系网络逐渐弱化或者消失，导致老年人参与社会生活的方式及个人行为方式都会发生很大变化。过去老年人作为家长为了事业家庭是一个忙碌的工作者，对外参与社会劳动创造价值，对内养育子女、赡养老人，有着比较广泛的社会人际交往和丰富的社会资本、社会资源，可随时得到社会网络的支持，并与之有着紧密的联络互动，其结构相对稳定。但退休后，其角色由生产者变为消费者，由工作者变为闲暇者，由子女照料者变为被照料者。社会交往的减少以及交往方式的变化，特别是子女们的成长、成熟，生活能力与经济能力的增长都挑战着老年人在家庭中的地位。这一切必然使老年人的网络结构、空间分布、强度、个体与社会的互动性开始发生变化。老年人拥有的社会资源在不断减少，个体与社会互动由高频率向低频率、由紧密向松散转变。这都使得老年人社会支持网络结构出现新的特点。从长远看，最突出的是老年人对非正式社会支持网络的依赖性加大，需要通过家庭支持给予老年人更多的帮助，包括经济支持、情感支持以及通过正式社会支持网络给予其维持、提高生活自理能力的介助性工具支持，专业化的医疗、康复照料支持等，即短期的急性护理支持或者长期护理支持。

四、从社会网络与老年弱势群体关系看

老年群体是一个比较特殊的社会群体，而老年失能半失能群体则是老年群体弱势中的弱势。个人社会网络结构与社会宏观网络发生较大的变化以及相互作用的结果，深刻影响着老年人的社会态度和社会行为。这一群体生存状况如何，深刻地影响着家庭与社会的和谐稳定，衡量着一个社会的道德水平，拷问着国家责任，检验着社会保障制度的效能。所以，老年人是分析社会支持网络的最佳对象。老年人社会支持网络本质上有着丰富的医学、社会学和经济学含义。

五、从社会网络对老年个体的影响看

一般而言，当老年人身体健康，独立生活能力强，参与社会、家庭事务主动性高时，对社会、家庭支持网络的依赖、对社会资源的吸纳不明显；而当老年人年龄增长，生理机能老化，疾病预防能力减弱，独立行为能力下降，生活难以自理时，对最基本的本原性、生理性需求，安全感、归属感的需求会上升。当老年人的需求很大程度上又回到以生理情感需求为原点的本原性需求时，其对社会、家庭支持网络的依赖强度、频率就会发生显著变化。这一变化必然使老年人的社会支持网结构也发生相应变化。揭示这一变化的过程、内容，有助于构建老年人长期照护网络体系。

第二节　社会支持的概念、特点及分类

“社会支持”这一概念起源于对社会关系的研究，同时也存在于社会关系之中，最早是由精神病学领域的研究者 Cassel 于 1976 年提出的，此后被广泛应用到人类学、社会学、心理学等各个领域。而社会网络与社会支持结合所形成的社会支持网络理论，深化了人们对社会网络本质、类型、作用的认知。

一、社会支持的概念

在早期研究中，社会支持被认为是个体身心健康的一种积极的支持因素，可以减轻压力对健康所带来的负面效应。Cassel（1976）认为社会支持对抵御疾病非常重要。

从社会支持的功能角度看，已往研究有两种不同的观点：一类观点认为，社会支持所产生的积极效应是客观的、可见的物质支持或者服务；另一类则注重主观体验和满意度，认为只要个体感到了被尊重、被支持，就是一种积极的社会支持，而非仅仅是物质上的帮助（如 Cohen，1985）。后者的观点越来越受到人们的青睐。关于社会支持是否只有在压力情境下才对身心健康有利，也存在两种不同的假设（参见张风等，2011）。第一种是主效果模型假设，认为社会支持在非压力情况下能够影响行为和福利，而非仅仅在危机情况发生时。在非压力情境下，社会支持对人的身心健康也会有良好的影响，二者之间是明显的正相关。根据这种假设，社会支持能够为个体提供生活环境的安全感、归属感以及自我价值的正向认知。因此，提高社会支持力度，会促进个体的身心健康。第二种是缓冲型模型，认为社会支持只

有在应急条件下才会对身心健康产生有益的作用，主要强调社会支持在应急情形中缓解压力的作用，认为在压力条件下社会支持会提高个体对外界的感知能力，同时会提供相应的解决策略，缓解个体的压力。如 Cohen 等人也认为，社会支持是一种有益的人际交往，能够帮助人们缓解压力（Cohen，1984；转引自倪赤丹，2013）。无论是哪一种假设，这些定义均强调社会支持作为社会关系功能的一部分，对于被支持主体具有积极的正面影响。

随着网络分析工具在社会学领域中的应用，更多的学者从结构的角度对社会支持进行定义。Granovetter（1973）将社会支持定义为人们在生活中的一切关联，将这种联结分为“强联结”和“弱联结”——也称为“稳定的联结”和“不稳定的联结”。关系的强度成为关注的焦点。在对个人求职过程的研究中，他揭示了弱关系对于诸如提供信息类社会支持具有重要的作用；而强关系提供的则更多是情感支持等。国内学者自 20 世纪 80 年代开始对社会支持进行研究。如李强（1998）从社会支持与个体心理健康的角度进行研究，认为社会支持在缓解个体心理压力、促进心理健康方面具有非常重要的作用。在我国社会转型期，应该充分发挥社会支持的心理保健功能。陈成文等人（2000）通过对社会支持主体、客体、内容、手段和本质特征的分析，认为社会支持主要是针对弱者，社会网络是运用一定的物质和精神手段对其进行无偿帮助的一种选择性社会行为。这使得研究的核心不仅仅局限于社会支持与身心健康之间的关系，而且逐渐转化为社会网络的构成以及社会网络提供社会支持的作用、效果。

二、社会支持的特点

（一）互动性特点

社会支持的实践伴随人类社会的产生而存在，人与人之间历来就存在互助性。相互关心、相互帮助既是人类基本的生活方式，也是社会支持在人类现实生活中的真实反映，具有很强的互动性特点。社会支持的主体施者（Provider）与受者（Recipient）在互动的基础上，进行有形或者无形资源的交换，这个过程并非静态稳定的，而是动态互动的。个体与社会支持网络成员之间的互动关系也是建立在互助基础上的。Gottlieb（2000）将社会支持更广泛地定义为“在某种关系内的互动过程，这种关系会通过实际的或者感知的身体或者心理资源的交换提升合作、尊重、归属以及能力”。这一定义指出了社会支持的关键特点，即交流、合作、尊重、归属、能力、互动过程，这种互动建立了有效支持的关系（Marifran 等，2011）。这种支持关系可以是短暂的、不连续的，也可以是长期的。互动关系的属性，即网络成员间的支持关系可以是一维或多维的，简单或复杂的，主动或被动的，消极或者积极的等等（周沛，2003）。但无论属性如何，无一不是以互动关系为基础的。

（二）利他性特点

既然社会支持是一种互动、交换的过程，是在人际交往的过程中实现的，那么，在这种互动的过程中，人的动机是利他还是利己，是无偿还是有偿，就成为社会支持概念中需要探讨的焦点。在经济学中，交换的逻辑基础就是每一个人都是经济人，基于利己主义在追求利润最大化。但是社会学中的社会交换理论摒弃了这种单一的对人性的假设，认为人除了具有追求利润最大化的动机外，还具有追求非物质财富的利他性特点，交换的逻辑起点是互惠性，而非单纯的利己主义，物质性的、功利性的交换。20 世纪 60 年代，霍布斯结合经济学和心理学的概念，提出社会交换理论，认为人类行为是个人之间进行报酬和惩罚的交换，或有形或无形的活动，并且认为人类之间除了可以交换有形的物质，还可以交换无形的认可、尊重、友爱等非物质情感。社会交换理论用“资源”表示交换的内容，因此在对社会支持下定义时，诸多学者从资源的角度来体现社会支持的利他性特点。如 Cohen 等（1985）将社会支持定义为由其他人提供的资源，否则社会支持可能被定义为是有负面影响的，指出社会支持是由其他人提供资源的程度。郑杭生（1996）认为社会支持的主体与客体之间具有社会交换关系，但是这种交换关系并非等价的、有形的物质交换。他认为社会支持主体提供金钱和服务等有形的资源；社会支持客体向主体回报社会承认、社会赞同和尊敬甚至顺从等无形的社会资源，在某种程度上会提高主体的社会声望。因此，在社会支持的互动过程中，主体与客体之间是存在利他性特点的，这是经济学中的功利性交换逻辑所无法解释的。

三、社会支持的分类与来源

社会支持的内容具有广泛性，不仅包含无形的资源，也包含有形的资源，只要是对个人的身心健康有裨益，具有正面作用，都可以被视作是社会支持的形式。从活动内容的角度对社会支持加以分类的学者，往往更加注重对社会支持内容的资源取向进行分类，强调社会支持给予个体有形和无形的资源。

Barrera（1983）将社会支持分为六种形式：物质帮助，如提供金钱等帮助；亲密互动，如传统的聊天倾听，表示尊重、关怀、理解等；行为的支持，如分担任务；指导，如提供建议信息或者指令；反馈，如提供对他人的行为、思想和感受的反馈；以娱乐或者休闲为目的的社会互动。它涵盖了有形和无形的社会支持形式。韦尔曼（1985）将社会支持分为经济支持、情感支持、小宗服务、大宗服务、陪伴支持 5 项。Cohen（1985）将社会支持分为情感支持、信息支持、友谊支持和工具性支持。从功能角度对社会支持进行分类的学者一般并不重视社会支持的内容，更多重视社会支持的结果和动机，如 Lin（1986）将社会支持分为工具性支持和表达性支持。但是，无论是从社会支持的内容还是从社会支持的功能进行分类，二者实质往往是密不可分的，并非泾渭分明。

从上述学者对社会支持内容的分类中可以看出，情感支持和经济支持这两类支持是社会支持内容中必要的组成部分。这首先是基于人类的最基本需求，即所有人在马斯洛需求分类中的最底层需求遇到困境时，均需要从社会支持网络中寻求经济支持，以满足马斯洛需求层次中的最底层需求，如对食物、水等资源的需求，以维持最基本的生活。其次，正如马克思指出人的本质在其现实性上是一切社会关系的总和，因此情感支持无疑也成为所有人最重要的需求。本书所研究的对象是老年人，研究的重点是老年人遇到长期照护风险时社会支持网络所呈现的特点。基于对老年人长期照护需求的分析，老年人除了需要经济支持和情感支持以外，其健康状况特点使得老年人患急性疾病、慢性疾病直至失能半失能的概率陡升。患急性疾病的风险使得老年人需要获得短期护理支持，或者经济上的支持。如患慢性疾病或者身体出现失能半失能状况时，老年人又需要获得社会照护和医疗护理相结合的长期照护支持。而老年人行动不便，离开工作网络后的孤独感使老年人的情感支持网络也显得非常重要。因此，在本课题中，基于社会支持内容分类的理论基础以及老年人长期照护需求，将老年人社会支持内容主要分为经济支持、情感支持、短期护理支持以及长期护理支持，共同构成长期照护支持及其相关的社会支持内容。

在早期研究中，很少有人会关注社会支持的类型是实际发生的支持还是感知到的支持，调查表明往往同时反映二者问题，并没有做具体的区分。但是近期的研究更加注重对二者的区分。许多学者都在强调实际获得的社会支持和主观评价的社会支持或者感知支持之间的区别（Sarason et al.，1990）。Sarason 等人（1990：15-16）将可获得的社会支持定义为人们从他人处获得的支持或者已经实施的支持，这种可获得的支持被认为依赖于支持的可获得性、个人合作的技巧以及他人所感知的个体施加压力的程度，也可以被定义为在个体认为假设需要时可以获得的某种社会支持。在定义社会支持时，Sarason 等人（1990）认为可以分为实际的支持和感知性的（perceived）支持。实际的支持是一种个人根据被告知、被给予的帮助所接受的支持；但是比实际的支持更重要的是一个人对于可获得帮助的感知。感知性的支持是指个人对于可获得社会支持的一种判断，可能是积极的也可能是消极的，并且感知性表明什么是个人所需要的支持。比如一个人需要帮助时，其他人提供的帮助并没有被获得帮助者认为是支持。Vaux（1988：17）认为社会支持既包括实际的事件和活动，也包括参与者对这些社会支持事件和活动的认知和评价，社会支持涵盖二者（转引自洪小良，2008：22）。

对社会支持的健康效应研究表明，感知性的支持与健康更相关。例如，在老年人死亡率的预期研究中，Blaze（1982）发现感知性社会支持相对于衡量社会交往频率或者关系数量的网络指标来说，是一个更好的指标。感知性社会支持是影响个体身体和精神健康的重要因素。一系列与人际关系和感知性的社会支持可获得性相关的因素体现了目标个体的个性特点。个体的社会网属性也会表现为与支持的可感知性、可获得性相关，这对于限制或者提高潜在的社会支持网络资源非常有利（Russel et al.，1997）。本书中所涉及的社会支持内容属于感知性社会支持，即假设老年人行动不便或者需要长期护理时，其所能利用的社会支持资源包含了感知性社会支持内容。

第三节　社会支持网络

一、社会支持网络概念

社会学在引入社会支持理论的过程中，逐渐与社会网络理论相结合，衍生出"社会支持网络"这一概念。社会网是社会支持网络的资源，其规模和构成除了在发展转型期或者非常规的生命转变过程中，都被假设为稳定的。社会网主要强调个人、网络与社会三个层次之间的互动。层次之间彼此环环相扣，其中任何一个层次发生了改变，都会影响到网络结构的全局（吴宁远，1995；转引自曾竹宁，2001）。而社会支持的行为是具体的，通常被认为是有意识地努力帮助他人。但不是所有的支持行为都是有帮助的，取决于适当的时机和支持的类型以及与支持提供者之间的关系。支持评价是对支持资源和行为的一种主观评价，是支持如何有效被完成的主要指标（Hlebec et al.，2009）。因此，社会网络作为研究工具可以帮助科学分析社会支持。

Vaux（1988）将社会支持分为三个部分，其中之一是将社会支持网络视作社会支持的一种来源，将社会支持网络定义为个人可以从中求助的社会网的子项。这一分类明确了社会支持网络与社会网之间的关系，即社会支持网络被包含在社会网内，是其中的一个子项，二者的范围并不相同。社会网是社会支持网络的基础，不能混淆二者间的边界。

20世纪90年代开始，诸多学者开始注意到社会网与社会支持网络之间的区别，将社会支持系统与社会网的概念合二为一，称为社会支持网络（Social Support Net Works），社会网与社会支持相结合，可以应用社会网的观点探讨个人的社会网在社会支持中所扮演的角色（曾竹宁，2001）。社会网会影响社会支持的质量，并且能够作为一种分析工具解释社会支持。因此，本书研究的内容是与老年人长期照护需求相关的社会支持网络，而非老年人的社会网。

二、社会支持网络的主体

自20世纪90年代起，越来越多的学者注重将个体的正式社会支持网络囊括其中。Wenger（1990）将老年人的社会支持网络分为五种形态：（1）区域性家庭依赖性支持网络；（2）地方整合性支持网络；（3）区域性独立支持网络；（4）扩充型社区焦点支持网络；（5）有限的个人支持网络（转引自黄源协，2000）。周沛（2003）认为社会支持网络存在的形式是多层次的，空间分布是多重的，各层次间的网络关系呈现出互补、递进、交叉的特点。研究者认为，借由社会网观点的应用，可以让社工在规划老年人长期照护服务时，从结构面上了解老年人的社会资源分布状态，并通过社会网联结老年人服务资源，为老年人提供更多、更方便的照护服务（曾竹宁，2001）。苏景辉（1998：144）认为社区工作者应该重视运用社区中的社会支持网络资源，为老年人更好地提供服务。他指出，非正式社会支持网络应当包含个人网络、社会联结网络、互助网络、邻居协助网络、社区增强力量网络。正式的社会支持网络则是指由已经正式获得照顾机构或者政府部门、志愿部门以及私人营利机构等组织所提供的协助，并强调社会支持网络对于老年人社区照顾服务的重要性。

个体从某种来源中所获得的社会支持种类不仅仅取决于个人社会网的结构性特点（Marsden，1987），还取决于宏观的社会文化力，例如经济现代化、城市化和文化组织（Lee 等，2005）。因此，正式社会支持网络的主体和非正式社会支持网络的主体都是老年人重要的支持主体。在本书中，社会支持的受者是老年人，施者分为正式社会支持网络主体和非正式社会支持网络主体。非正式社会支持网络中包括五种关系：血缘关系（自己及配偶的父母、兄弟姐妹及子女）、亲缘关系（自己及配偶的亲戚）、地缘关系（邻里）、业缘关系（同事及同学）和私人关系（朋友）。正式社会支持网络的主体包括政府、社区、企业、社会组织等。

三、社会支持网络的测量方法、指标与变量设计

（一）社会支持网络的测量方法[①]

自 20 世纪 70 年代以来，学者对社会支持网络进行了大量的分析研究，尤其针对其中所要调查的支持内容。Wellman（1979）对加拿大多伦多市东约克郡个人的社会支持网络进行了研究，对社会网和社会支持网络进行区分，抽取了 845 份样本，要求被访者回答生活中自己感到最亲密的 6 个家庭之外的非常重要的交往对象以及每个网络成员所提供的帮助种类。研究结果驳斥了传统的社区丧失论，有力地支持了社区解放论，认为社区关系并未随着工业化、都市化和现代化的发展而普遍

① 参见张文宏．中国城市的阶层结构与社会网络［M］．上海：上海人民出版社，2006：36-41；贺寨平．农村老年人社会支持网——个人地位、网络结构、社会支持与身心状况［D］．中国社会科学院博士论文，2001；洪小良．城市贫困家庭的社会关系网络与社会支持［M］．北京：中国人民大学出版社，2008：27.

衰败，只是不同的人因都市化的结构变迁在建构个人社会网时采取了不同的形式（转引自张文宏，2006：72）。

Burt 于 1985 年在其主持的综合社会调查项目（General Social Survey）中，采用提名法调查 1534 名美国人的讨论网，通过提出"大多数人都会不时地与其他人讨论非常重要的事情，请回顾过去半年中您与谁讨论过重要的问题"这一问题，让被访者一一列举，并且详细回答前 5 个人的社会地位等个人特征（参见贺寨平，2004：15）。Burt 认为使用这一方法所做的研究倾向于检验秩序效应。此后，在 GSS 中使用的方法获得了比较广泛的应用（如 Campbell and Lee，1991；Van der Poel，1993；Fischer and Shavit，1995）。Fischer（1982）对加利福尼亚社区进行调查，考察与受访者经常互动的网络构成，要求对于每一个问题调查人只记录被访者所提供的前 8 个人的名字。由于提名的人较多，所调查的平均网络规模为 18.5 人。此后范德普尔（1993）在 Fischer 问卷的基础上，将社会支持分为工具性支持、情感性支持和社会交往支持三种类型，以一种假设的方式提问，来调查测量潜在的个人网络。主要调查了 902 人，共假设了 10 个问题，被访者对每个问题最多提出 5 个人，同时说出前 5 个人的个人特征以及与被访者之间的关系。① 有效地互动提名法与角色提名结合，有助于全面了解网络。

随着社会网研究的广泛应用，诸多学者也开始了对华人地区的社会支持网络进行调研，希望发现当代东西方社会中个体社会支持网络的区别。研究发现，在华人社会中，亲属在社会支持网络中仍然起到至关重要的作用，如对香港地区的调查（Lau，1981），对台湾地区的调查（Hsung，1999），对天津的调查（Freeman and Ruan，1997）。Ruan 等（1997）认为在中国的社会网中，血缘关系、亲缘关系在工具性支持方面发挥了重要作用；但是在情感方面，中国人更愿意求助于非亲缘关系的朋友和同事。通过对东西方国家进行对比，研究者认为中国家庭的角色相对于西方更集中，主要是给予工具性支持。

此后，学者对华人地区的社会支持网络进行了深入的调查，相较于国外对个体的综合性支持网络所做的描述，国内的研究更局限于某一类特定群体，主要是弱势群体中的老年人和贫困人口。珂莱尔·婉格尔与刘精明（1998）在北京随机调查了 126 个老年人样本，与利物浦的 465 份老年人子数据进行对比——对北京和利物浦两座城市间老年人的社会支持网络特点进行了对比研究，并对异同进行了分析。他们主要对老年人提出了 8 个问题，确定老年人社会支持网类型的直接变量；认为城市的社会制度背景并未使老年人的社会支持有根本的差异，而是有着更多的相似之处。贺寨平（2004）对范德普尔问卷进行了改编，也利用了提名法对山西省农村地

① 参见张文宏．中国城市的阶层结构与社会网络［M］．上海：上海人民出版社，2006：36-41；贺寨平，农村老年人社会支持网——个人地位、网络结构、社会支持与身心状况［D］．中国社会科学院博士论文，2001；洪小良．城市贫困家庭的社会关系网络与社会支持［M］．北京：中国人民大学出版社，2008：27.

区的638名老年人的社会支持网络特点进行了分析，他也是国内较早大规模调查老年人样本研究社会支持网络的学者。他认为山西农村老年人的网络成员大部分是亲属，网络成员之间的关系非常紧密，并且研究了老年人社会支持网络的个人特征与关系网络之间的关系。

洪小良与尹志刚（2006）对北京市贫困家庭的社会支持网进行了研究，抽取了540户低保家庭作为调查对象，结合贫困家庭的特点和需求，将贫困家庭的社会支持网分为就业支持网、无偿财务支持网、精神支持网、借款支持网、劳务支持网以及其他支持网共六个子网；认为社会支持网的网络成员中，贫困家庭获取社会支持的最主要来源是近亲，就业资源的获取主要来自非亲属。

除了注重利用社会网分析工具对不同群体的社会支持网络进行量化分析，也有学者利用深度访谈、个案研究等定性分析的方法对不同群体的社会支持网络进行研究。如唐钧等（1999）以个案研究的方法对上海市47户贫困家庭的正式社会支持网络做了深入访谈与调查，用定性分析的方法对其非正式的社会支持网络特点进行了深入讨论。阮曾媛琪（1999）等人对北京市的在职母亲这一群体进行了个案研究，采用了观察参与法、深入访谈和“焦点小组”的方法对27名在职母亲的社会支持网络进行了研究，认为在职母亲的人生过程中嵌入了丰富的社会支持网，并融入她们生活的各个方面。

本书对社会支持网络的研究采用提名法，参考已有文献对于老年人社会支持网络的调查问卷，根据老年人的长期照护需求以及社会支持网络的类型，对机构和社区中的老年人进行调查。对社会支持网络评估内容的选择限于与长期照护需求相关的内容，将老年人的社会支持网分为经济支持、情感支持、短期护理支持、长期护理支持；采用范德普尔的假设提名法，挖掘潜在的老年人长期照护社会支持网络。此外，为了弥补定量研究存在的缺陷，结合深度访谈的研究方法，对老年人社会支持网络进行研究。

基于老年人的身体特点以及长期照护需求的特点，对老年人社会支持网络特点所进行的调查，主要针对与长期照护需求以及风险有关的网络，并未将老年人所有交往互动的对象都视作社会支持网络资源。社会支持网络主要分为四类：第一类为经济支持网络，主要基于老年人在有长期照护需求时，需要有稳定的经济支持和来源，老年人在晚年罹患慢性病和急性病的概率都高于青壮年，因此，调查会假设老年人“在急需一大笔钱时，可以寻求帮助的人都有谁”。第二类是情感支持网络。情感支持与社会交往支持的概念不同，并非存在社会关系、有交往互动就可以称之为情感支持，就能够算作社会支持网络，而是应当将“若生活中遇到难题，希望有人可以倾诉商量时，可以寻求帮助的人都有谁”作为衡量标准。第三类是短期护理支持网络。老年人由于身体机能下降，需要住院、急性医疗照护的概率较大，也是长期照护需求中发生概率比较大的一种风险。通过“假设需要住院，或者有急性病，需要在家获得护理，需要短期护理，有哪些人可以护理您”的问题进行调查。短期护理的时间以 90 天的上限为标准，即 90 天以内。第四类为长期护理支持网络，此处主要是指老年人出现失能半失能风险时，在生活方面需要照护，如需起居、行走、就餐、做家务等辅助性支持，时间为长期，至少是 90 天以上。通过“假设身体出现失能半失能时，需要 90 天以上的长期照顾，能够照顾的人都有哪些”的问题，评估老年人在身体出现失能时，社会支持网络的特点。

（二）社会支持网络的测量指标[①]

社会支持网络的指标包括网络规模、网络关系强度、网络构成等。本书采用个体网的研究方法，主要关注和老年人的长期照护需求相关的社会支持网络特点，即针对老年人长期照护需求，对为老年人提供帮助、支持的社会支持网络进行分析。有关老年人社会支持网络的部分问卷是对范德普尔和贺寨平等学者的问卷进行改编而得的。由于所调研的地区已经出台了部分长期照护政策制度，利用老年人社会支持网络的概念，可以调查和老年人长期照护需求相关的社会支持网络的特点，以便在为老年人提供养老服务时，能够真正优化配置正式与非正式的照护资源，出台高效的长期照护政策。

1. 个体网络

个体网络，即以自我为中心的主体网络，是指一个核心行动者与其他行动者相关联所形成的网络，其分析目的在于表明核心行动者（个人）所接受道德、物质或者情感的支持。社会网的结构性特点包括多元的关系（即向目标个体提供超过一种支持的网络成员，Russell et al.，1997）。

2. 网络规模

网络规模主要是指个体网络规模的大小，包含网络成员的数量，即向目标个体提供某种类型的社会支持的供给者的数量，或与个体有重要关系的人的数量。一般认为个体的网络人数越多，网络规模越大，个体能够运用的资源也越多。因此，网络规模往往作为反映个体拥有社会资源程度的指标。研究检验诸多性格变量和社会网络特点以及感知的社会支持测量之间的关系。网络成员主要通过提名法，由调研人员向老年人提出而获得。根据与老年人长期照护需求相关的社会支持类型与内容设计了相关的问题。

3. 关系强度

关系强度是指个人与网络成员之间关系的亲密度，注重衡量社会支持的量化指

---

① 社会支持网络评估指标的说明，参见贺寨平．社会网络与生存状态：农村老年人社会支持网研究［M］．北京：中国社会科学出版社，2004；洪小良．城市贫困家庭的社会关系网络与社会支持［M］．北京：中国人民大学出版社，2008.

标，将交往和利用强关系的程度视作社会支持的衡量指标（Lin et al.，1985）。[①] 格拉诺维特认为关系强度与互动频度、亲密程度、互惠交换、感情力量有着非常重要的关系。在求职过程中，与个体中心成员关系更异质性的弱关系有助于求职者获得更多的异质资源，在工具性的支持网络中获得更多成功的机会。但是在中国，交往的频次往往并不能真实反映老年人与其他人的关系强度。[②] 因此，在本书中并未将交往频度作为关系强度的参照点。在老年人的长期照护过程中，地缘关系往往成为老年人长期照护中的重要因素，因此提供长期照护社会支持的网络成员与网络中心成员老年人之间的距离成为衡量老年人社会支持网络关系强度的重要指标。

4. 网络的关系构成

网络的关系构成主要是指社会网中的个体与网络成员的关系类型在整个网络所有关系中所占的比例，通常会用某类特定关系占总关系的百分比来表示（如贺寨平，2004）。在关系构成的分类上，由于以往研究的案例地点并未出台相关的长期照护服务政策，所以在关系构成的分类上，一般只包括非正式社会支持主体，如配偶、子女、兄弟姐妹、其他亲属等具有亲缘关系的群体以及同事、上下级、朋友、邻居等非亲缘关系群体。本书中，在关系构成的分类上，将不同于以往的文献研究，将社会支持主体分为非正式社会支持主体和正式社会支持主体。正式社会支持主体包括政府提供的居家照护工作人员、社会组织、养老机构[③]以及作为市场中的照护供给主体保姆等。

① 参见洪小良．城市贫困家庭的社会关系网络与社会支持［M］．北京：中国人民大学出版社，2008：38.

② 参见贺寨平．社会网络与生存状态：农村老年人社会支持网研究［M］．北京：中国社会科学出版社，2004：44.

③ 在问卷设计中，假设老年人不能自我照顾时，由于老年人会选择机构照护方式，因此正式社会支持主体也包括养老机构。

第四章　长期照护制度的发展及其现状

随着我国人口老龄化问题日益严峻，老年人口数量日益增长，老年人长期照护服务覆盖的群体也日益扩大，从最初经济贫困老年人逐渐扩大至非贫困老年人。尤其近十年，我国政府出台了一系列长期照护服务供给方面的政策，积极构建老年人长期照护制度体系，对老年人及非正式社会支持主体给予扶持。

第一节　长期照护制度的发展

一、第一阶段，新中国成立初期至改革开放以前：保底期

在这段时间内，由于旧中国公共卫生医疗条件恶劣，人口平均寿命较短，男性为 39 岁、女性为 42 岁，战后婴儿潮一代的到来又拉低了人均寿命，而新中国刚刚成立，百废待兴。这一时期人口老龄化只是一个潜在问题，因此老年人长期照护需求的问题不明显。新中国提供正式社会支持的老年对象，主要集中于生活贫困的老年人，功能仅限于保底式的救助以及向为中国革命做出贡献的少数干部及军烈属等享有一定福利待遇的群体提供具有福利性的、偏向于疗养功能的养老服务。老年人社会支持网络中赡养支持的主体，无论在农村还是在城镇，主要是家庭。我国政府主要致力于解决基本的生活保障问题。随着城乡二元经济的形成与发展，老年人的福利供给标准有了巨大的区别。在农村，对老年人进行经济支持和赡养支持主要局限于“五保户”，主要供养方式是集中赡养，敬老院负责收容“五保户”。在城镇，对老年人的福利供给又由于其职业不同而有很大区别，既有针对性的疗养院，也有对流离失所的城镇人员进行收容安置的福利机构，一般被称为生产教养院，主要负责对这些人进行救助、教育以及劳动改造。十年动乱结束后，养老机构的数量有所增长。

除城镇流离人员以外的其他老年人的赡养义务主要由家庭承担。这种供给方式在当时是符合国情的。主要原因是：第一，人口老龄化尚未显现。中华人民共和国

成立初期，在人口结构中，60 岁以上的老年人口约为 2485 万人，占总人口比重为 7.5%。① 第二，在城市中，单位是各种福利的主要供给主体。人们的社会网络大多处于一种封闭的状态，社会支持网络的紧密度较高，网络规模比较固定。计划经济导致人口流动少，子女与老人居住在一起，在我国传统的反哺式养老模式中，老年人的赡养义务主要由家庭承担，政府较少进行干预。

二、第二阶段，改革开放后至 2006 年以前：大力发展机构养老

自 20 世纪 90 年代起，我国人口结构发生了巨大转变，1999 年进入老龄化社会，成为世界上老年人口数量最多的国家。在市场经济体制下，单位供给福利的模式迅速瓦解，单位供给福利的责任逐渐向社区和社会转移。劳动力的自由流动以及计划生育政策的实施使得家庭的规模缩小，并趋于核心化、少子化。有关老年人的社会支持网络特点由封闭转为开放。但是在城市中，社会网络的紧密度在人口大规模流动背景下日趋降低，紧密度较强的支持网络逐渐弱化。老年人非正式社会支持网络规模的缩小使得政府在老年人的福利供给中成为主要的供给主体，政府对老年人社会支持网络的构建发挥着主导作用，尤其对非正式支持网络的支持显得非常必要。

我国养老机构属于社会福利性质，受到民政部门的指导和监督。1999 年实行的《社会福利机构管理暂行办法》，将社会福利机构定义为“国家、社会组织和个人举办，为老年人、残疾人、孤儿和弃婴提供养护、康复、托管服务的机构”。审批和管理的责任主要由县级以上民政部门承担，主要目的是保证养老机构的服务质量。随着人口老龄化的日益加剧，养老机构的需求日益旺盛，已远远超出国家、政府和集体的财政承受能力。养老机构发展从政府包办到社会福利社会化成为必然。改革开放以后，福利供给主体独立于单位、集体。在此期间，养老机构得到了大力发展，所有制的性质也由原来公办养老机构的一股独大，向多元化发展，即包括民办、公助民办、公办民营等多种模式。

在这一阶段，两个因素构成了我国出台有关社会资本进入养老事业政策的契机，一是人口老龄化提速，婴儿潮一代逐渐步入老年；二是社会主义市场经济的发展推动民间资本进入养老服务业。因此，在这一时期，我国适时地出台了有关支持民间资本进入养老服务领域的政策。

这一阶段，养老机构的服务对象由新中国成立初期的贫困老年人和享有一定待遇的少数群体，逐步扩大至任何有养老服务需求的老年人，但是能够专门满足失能、半失能老年人长期照护服务需求的机构的发展仍然没有受到重视，机构数量严重不足。

① 《当代中国》编委会．当代中国的民政（下）[Z]．北京：当代中国出版社，1994.

表 4-1 1989—2004 年养老机构数量、床位数量及收养人数的变化

年份	1989	1999	2004
机构数（个）	39 255	40 074	38 111
床位数（张）	686 589	1 022 297	2 543 992
实际收养的老年人人数（人）	447 486	715 919	1 785 781

资料来源：《中国民政统计年鉴》1990 年、2000 年、2005 年；转引自周云，陈明灼．我国养老机构的现状研究［J］．人口学刊，2007（04）．

从表 4-1 中可以发现，从 1989 年到 2004 年，我国养老机构的数量并未有显著增长，甚至还略有下降，但床位数量和收养老年人的数量均有明显增长。床位数量从 1989 年的 686 589 张上升至 2 543 992 张；实际收养的老年人人数从 1989 年的 447 486 人上升至 1 785 781 人，均有 3~4 倍的增长。无论是供给还是需求都有较快增长。[①]

关于居家养老服务的发展，政府层面认识到居家养老的重要性可以追溯到 1998 年在全国家庭养老与社会化服务研讨会上提出“应该积极创造居家养老的新环境”。其原因主要有两个方面：一方面是劳动力供给充足，另一方面是人口老龄化导致的被照护者需求增多。在人口老龄化的重压之下，上海率先于 20 世纪 90 年代出台了居家养老服务政策，并且开始了政府购买居家养老服务的实践。此后，各地纷纷探索适合自己地区的居家养老模式。随着社区服务的发展，带有社区照护之意的居家养老服务体系得到长足发展。

三、第三阶段，2006 年至今：居家养老服务的快速发展

2006 年，国务院办公厅转发了全国老龄委办公室和发展改革委等部门《关于加快发展养老服务业的意见》，明确指出发展养老服务业的目标是：“逐步建立和完善以居家养老为基础、社区服务为依托、机构养老为补充的服务体系。”这一意见特别强调市场化、产业化，强调了政府在其中的重要作用，指出政府可以通过支持养老机构性质的多样化，支持“公建民营、民办公助、政府补贴、购买服务”等多种公私合作形式，积极鼓励吸纳社会资金以参股、合资、独资等方式进入养老服务业。

2008 年，在全国老龄委办公室、民政部等十部门联合下发的《关于全面推进居家养老服务工作的意见》中，“居家养老服务”作为新型的社会养老模式被国家正式提出。国务院《中国老龄事业发展“十二五”规划》指出，“十二五”时期，我国将重点发展居家养老服务，建立健全县（市、区）、乡镇（街道）和社区

① 参见周云，陈明灼．我国养老机构的现状研究［J］．人口学刊，2007（04）．

（村）三级服务网络，城市街道和社区基本实现居家养老服务网络全覆盖；80%以上的乡镇和50%以上的农村社区建立包括老龄服务在内的社区综合服务设施和站点。加快居家养老服务信息系统建设，做好居家养老服务信息平台试点工作，并逐步扩大试点范围。

居家养老服务体系的构建相较于机构养老体系的构建滞后，市场的开放也比较晚。2008年下发的《关于全面推进居家养老服务工作的意见》明确指出，居家养老模式在我国养老服务产业中已经从无到有。相应地，随着人口老龄化带来的旺盛需求，受众对象已经从最初的“三无”人员扩大到“非三无”的城镇老人，使得居家服务的性质由原本的公共产品变成准公共产品和私人产品；受众对象的改变导致的产品性质转变使得政府的职能也相应发生转变，不再仅仅针对“三无”老人。

除了给予老年人经济、医疗护理、生活等方面的支持，我国也越来越重视对其进行精神方面的支持。全国老龄办等24个部门2013年12月31日联合发布《关于进一步加强老年人优待工作的意见》，要求政府和社会在做好公民社会保障和基本公共服务的基础上，在医、食、住、用、行、娱等方面，积极为老年人提供各种形式的经济补贴、优先优惠和便利服务，不断提升老年人生活质量。①

表4-2　长期照护相关制度及社会支持网络主体的发展演变

阶段	背景	主要文件	主要内容	老年人社会支持网络主体
新中国成立后到改革开放初期：泾渭分明的二元供给结构	计划经济，城乡二元结构	1958年12月，中共八届六次全会通过《关于人民公社若干问题的决议》：要办好敬老院，为无子女依靠的老年人提供一个较好的场所	城镇：老年人福利的单位供给 农村：“五保户”供养	城镇：家庭、邻里互助、机关、企事业单位，社会福利院，疗养院 农村：家庭、邻里互助、村集体，敬老院
20世纪70—90年代末：社会福利社会化	社会转型期：社会主义市场经济；人口流动加剧；实施计划生育，家庭规模缩小	1984年：全国城市社会福利事业单位整顿经验交流会； 《社会福利机构管理暂行办法》；《老年人社会福利机构基本规范》；《农村敬老院管理暂行办法》	社会福利社会化	城镇：家庭、邻里互助、机关、企事业单位，社会福利院，疗养院，民办养老机构 农村：家庭、邻里互助、村集体，敬老院

① 24部门联合发文要求加强老年人优待工作［EB/OL］. 人民网，2013-12-31［2015-01-16］. http：//politics. people. com. cn/n/2013/1231/c70731-23990148. html.

续表

阶段	背景	主要文件	主要内容	老年人社会支持网络主体
2000~2005：养老服务政策的试点、总结阶段	我国进入老龄化社会，人口流动加剧	2000年，上海在6个区12个街道进行居家养老试点	试点进行	城镇：家庭、邻里互助、机关、企事业，社会福利院，疗养院，民办养老机构，社区 农村：家庭、邻里互助、村集体，敬老院
		2000年，国家老龄委、民政部总结推广了居家养老服务经验	逐步推广	
		2000年，财政部国家税务总局《关于老年服务机构有关税收政策问题的通知》（财税〔2000〕97号）	对政府部门和企事业单位、社会团体以及个人等社会力量投资兴办的福利性、非营利性的老年服务机构给予相应的税收优惠政策	
2006~至今：居家养老服务的全面实施阶段	构建和谐社会，注重民生问题	2006年，《关于支持社会力量兴办社会福利机构的意见》（民发〔2005〕170号）	多渠道、多形式筹集资金，支持社会办福利机构的发展	城镇：家庭、邻里互助、机关、企事业，社会福利院，疗养院，民办养老机构，社区，市场 农村：家庭、邻里互助、村集体，敬老院
		2006年，全国老龄委办公室、民政部等部门联合下发《关于加快发展养老服务业的意见》	逐步建立和完善以居家养老为基础、社区服务为依托、机构养老为补充的服务体系	
		2006年，民政部《关于开展"全国养老服务社会化示范单位"创建活动的通知》（民函〔2006〕292号）	制定更具体的、量化的、操作性强的本区（市）养老服务社会化创建标准	

续表

阶段	背景	主要文件	主要内容	老年人社会支持网络主体
		2007年，民政部办公厅《关于印发〈“蓝天图书室”和“夕阳红图书室”援建活动实施方案〉的通知》（民办函〔2007〕147号）	在全国社会福利机构中开展“蓝天图书室”和“夕阳红图书室”援建活动，丰富老年人和孤残儿童的精神文化生活	
		2009年，民政部办公厅《关于转发宁夏建立高龄老人津贴制度有关政策的通知》（民办函〔2009〕151号）	借鉴宁夏的经验做法，结合当地实际，加快制定有关政策措施，尽快探索建立高龄老人津贴制度	
		2009年，《关于全面推进居家养老服务工作的意见》（全国老龄办发〔2008〕4号）	明确居家养老服务定义、内容和范围。对该文件的定位：对传统家庭养老模式的补充与更新，建立养老服务体系的一项重要内容	
		2011年9月，国务院印发《中国老龄事业发展“十二五”规划》	为了应对老龄化问题，要求在全国范围内建立健全三级养老服务网络	
		2012年，《老年人权益保障法》修订草案首次提交全国人大常委会审议	新二十四孝行动标准	

续表

阶段	背景	主要文件	主要内容	老年人社会支持网络主体
		《国务院关于加快发展养老服务业的若干意见》(国发〔2013〕35号) 和民政部办公厅、国家发改委办公厅《关于开展养老服务业综合改革试点工作的通知》(民办发〔2013〕23号)	充分发挥市场在资源配置中的基础性作用，逐步使社会力量成为发展养老服务业的主体，满足养老服务的多样化、多层次需求。	

总体而言，我国老年人正式社会支持制度发展的特点主要有：(1) 内容多样化。政府作为照护服务的供给主体为老年人提供正式支持的内容日益丰富，从最初的仅保障老年人的最低生活水平发展到现今注重老年人的精神需求，如立法强制要求儿女“常回家看看”。(2) 供给主体日益多元化。在服务供给主体方面，从原先具有垄断性质的单一供给主体逐渐向多元的供给主体发展。(3) 养老模式的发展。在养老模式方面，从原有的单一的机构养老开始逐步向居家养老发展，但是目前发展内容还略微宽泛，优惠力度相对于机构养老还有一定差距，导致居家养老服务的内容相对比较宽泛模糊，责任主体不明。总体而言，还未形成专门针对有长期照护需求的老年人的有效制度。(4) 对象目标性不强。尽管老年人服务供给的对象从经济最贫困老年人逐步扩大至失能半失能、高龄老人，但是服务对象目标性不强。对于有长期照护需求的老年人有针对性、具体的评估不多，也未按照老年人的健康需求出台有针对性的长期照护制度，更多的是以年龄和经济状况为标准出台相关的老年人福利制度，难以应对老年人长期照护风险。

第二节　案例城市长期照护的背景与发展路径①

一、案例城市发展老年人长期照护的背景

本书所选取的案例城市S市是我国东北某省的第二大城市，是某省西部地区的

① 本小节部分内容已发表于施巍巍等．欠发达城市养老服务问题研究［J］．老龄科学研究，2014(08)：34-43.

经济文化中心，是我国最早的老工业基地、商品粮和绿色食品生产基地。S 市 1994 年先于全国（1999 年）进入人口老龄化阶段。

表 4–3　全国人口老龄化与 S 市人口老龄化指标对比

	60 岁以上老年人口占比	80 岁以上老年人口占比	空巢老人占比	老龄化时间
全国	13. 26%	11. 07%	31. 77%	1999
S 市	13. 19%	11. 4%	33. 33%	1994

资料来源：全国和 S 市人口数据均来自第六次人口普查统计数据。

尽管 S 市的老龄化进程快于全国平均水平，但就总体而言，老龄化、高龄化、空巢化进程与全国进程基本相当；2013 年，S 市的人均 GDP 不到 4000 美元，低于 2013 年全国平均水平的 6995 美元，属于欠发达地区。S 市未富先老的特点使其成为我国具有代表性的老龄化城市之一。将其作为案例研究的典型意义在于：

（一）S 市老龄化程度与全国平均水平差异较小

全国老龄工作委员会办公室 2010 年发布的《中国人口老龄化发展趋势预测研究报告》数据显示，2020 年，我国老年人口将达到 2. 48 亿，老龄化水平将达到 17. 17%，其中 80 岁及以上老年人口将达到 3067 万人，占老年人口的 12. 37%。中国老龄科学研究中心课题组的数据显示，2010 年年末，全国城乡部分失能和完全失能老年人约 3300 万，占老年总人口的 19. 0%；2015 年，这一比例将上升至 19. 5%。S 市自 1994 年开始进入人口老龄化阶段，截止到 2013 年年底，全市户籍人口 60 岁及以上的老年人 86 万，占总人口的 15. 6%；失能、半失能老年人 13. 6 万，年均增幅 5%，占该市老年人总人口的 15. 8%。预计到 2020 年，S 市老年人口将达到 120 万，占全市总人口的 20%左右。① 由此可见，S 市的老龄化程度与全国平均水平接近，而有长期照护需求的失能、半失能老年人占老年人的比例也与全国失能、半失能老年人比例接近。

（二）老龄化发展速度高于全国平均水平

20 世纪 50 年代我国第一次人口生育高峰出生的人群即战后“婴儿潮”一代正在步入老年，这使得老年人口将进入快速增长期。据全国老龄委 2010 年的报告统计，我国从 2001 年起平均每年增加 596 万老年人口，年均增长速度达到 3. 28%。“十二五”期间，S 市 60 岁及以上的老年人口达到 98 万人，约占全市户籍总人口的 17. 7%。数据显示，依据老年人口年均增长 7 万人推算，预计到 2020 年，每年

① S 市养老服务业综合改革试点方案（草案），2013.

以5%的速度增长。① 老龄化速度的加快，迫使当地政府在应对老龄化问题上需要未雨绸缪。

（三）核心家庭增加，空巢老人家庭比例较高

S市统计网调查显示，S市有三成左右的老年家庭是空巢家庭，有超过四成的老年人口有不同程度的“孤独感”。2009年S市有空巢老人6.6万，占老年人口的9.9%。截至2011年年末，纯老年家庭户的老年人有222 152人，占S市户籍老年人口比例为29.54%。居家养老的老人中，与家人在一起居住养老的老年人有512 122人，占老年人人口总数的68.1%；单身独居老人有50 841人。随着S市到外地求学、谋职、打工的青壮年人数越来越多，相应独居、空巢家庭的老人也在逐年增多，② 使他们对公共养老服务的依赖性越来越大。但在2008年以前，由于公办养老机构供给不足，民营养老机构发展不快，二者所提供的养老床位仅占老年人总数的1.5‰，难以满足需求，造成了养老服务供需矛盾突出。

（四）未富先老特点突出

S市是我国老工业基地，经济上属于欠发达地区，老年人家庭收入水平较低。在解放战争期间，该市作为东北革命根据地，为全国解放做出过突出贡献；在第一、第二个五年计划期间，为国家的振兴和发展发挥了重要作用。如今，这些建设功臣和全国各地支援的科技人员、熟练工人早已进入老年，使该市老年人群呈现老军人、老干部、老工人多，收入稳定、收入不多的特点。③ 据抽样调查，2011年全市城镇居民人均可支配收入为15 199.8元；人均消费支出11 372.1元。全年在岗职工平均工资为29 770元，城市居民人均居住建筑面积为25.6平方米。④

S市老年人口的主要收入来源：靠养老金的约占68%，靠配偶的占6%，靠子女赡养的占12%，“低保”“特困”占4%，其他占10%。⑤ 较低的退休金仅能保证老年人的日常生活，而较低的生活保障金和困难救助金只能勉强维持生存。一旦患上疾病或出现问题，老年人的日常生活支出就会出现困难，即刻返贫，导致有病不敢看，小病拖大，使老年人的生活质量呈现较大不确定性。这直接影响着老年人的生活质量、生存心态和对社会的看法、情绪。

---

① S市人口老龄化问题日益加剧［EB/OL］. S市统计信息网，2010-9-16［2013-11-10］. http：//www.qqhrstats.gov.cn/typenews.asp? id=614.

② 刘海燕，刘宁. 当今社会人口老龄化对社会经济的影响［J］. 理论观察，2012（03）：25-26.

③ S市养老服务业综合改革试点方案（草案），2013.

④ S市的统计数据来自S市2011年国民经济和社会发展统计公报.

⑤ S市人口老龄化问题日益加剧［EB/OL］. S市统计信息网，2010-9-16［2011-11-10］. http：//www.qqhrstats.gov.cn/typenews.asp? id=614.

（五）失能半失能老年群体逐渐扩大

由于老龄化与高龄化、失能化相伴随，老年人成为疾病高发人群，失能老年人比例逐年上升。特别是S市属于高寒地区，心脑血管疾病、风湿病、呼吸系统疾病易发、多发，导致失能半失能老人的比例不断上升。① 全市城镇失能半失能困难老人共有8144人，其中失能老人2756人，占34%；半失能5388人，占66%；男性2584人，占32%；女性5560人，占68%；低收入老人4033人，占50%；家庭照护7103人，占87%；机构照护294人，占4%；个人独居747人，占9%；60~69周岁的为2306人，占28%；70~79周岁的为2870人，占35%；80周岁以上的为2968人，占37%。② 失能半失能老年人行动不便，生活起居靠人照顾，使家庭承受着巨大的经济和精神压力，尤其是独生子女家庭，其子女也步入老年，一旦老年人遭遇失能半失能风险，往往难以维系。同时，老年人也承受着经济、疾病和心理上（怕拖累家人）的巨大压力。而家庭子女收入不高、较低的退休金和低保救助标准，使老年人难以进入收费较高的民营护理机构，但公办养老机构又因规模有限一床难求。这在一定程度上加快了个体的老化速度。

二、S市长期照护服务面临的挑战

S市作为一个欠发达城市，面对快速增长的老年人口，财力不强，历史包袱沉重，养老欠账过多；养老服务供需矛盾突出，使S市的长期照护服务面临着巨大的压力。

（一）长期照护服务供给能力与服务需求不匹配

尽管老年人有着强劲的潜在养老服务需求，但其消费能力却是弱化的，作为欠发达城市，老年人家庭富裕程度不高，存款不多，养老金有限，导致老年人消费能力不强；长期照护的优惠政策不配套，财政补贴力度过小，使推进养老服务业发展的动力不足，老年人的长期照护服务需求很难通过市场来获得满足；原有养老保障机制瓦解，新保障机制不完善，政府、社会、市场长期照护供给能力不足，这些都影响了S市养老服务业的发展。

（二）多重社会因素的综合作用，导致长期照护供求矛盾加剧

S市长期照护供求矛盾加剧，主要原因包括：一是20世纪五六十年代生育高峰人口（同时也是20世纪70年代实施计划生育的独生子女的父母）相继进入老年，

---

① S市养老服务业综合改革试点方案（草案），2013.

② S市民政局关于全市城市失能半失能困难老人情况的调研报告.

使S市的老龄化提速；二是S市作为老工业基地，产业工人相对集中，集中退休使S市较全国提前进入老龄化；三是人们思想观念的转变，居住条件、生活方式的不断改善，使子女与父母分开居住的家庭增多，由此产生的空间距离增加了长期照护服务的难度。

（三）人口外流弱化了非正式社会支持网络的养老能力

在老年人的长期照护支持体系中，子女赡养和照料父母是传统家庭的重要功能。而随着计划生育政策实施，欠发达城市的子女到发达城市和海外求学、打工，毕业或成功之后，能够返回故里工作的人数越来越少，导致家庭子女养老缺位。已有研究成果表明，经济发展水平相对较低的城市，老年父母对子女的依赖比例要高于发达城市。[①] 大量空巢、独居家庭的出现，造成老年人可依靠的照护资源不多，而老年人退休后对外联系、接触频次、强度降低，均进一步弱化了非正式社会支持网的照护力度。老年人日常生活照料和精神慰藉的缺失，加重了老年人自我养老的负担，使老年人服务需求外移，即对社会化养老服务的需求增加。

第三节　案例城市发展长期照护的思路[②]

为缓解长期照护的供需矛盾，S市政府相继出台了《关于鼓励扶持社会力量兴办老年社会福利机构的若干意见》《关于开展居家养老服务工作的实施意见》《S市贫困失能老年人护理补贴发放实施细则》等多项优惠政策来促进S市养老服务业的发展。[③] S市构建了“以创建老年友好城市为引领，以打造孝亲敬老城市为品牌，以实现‘六个老有’为目标，以居家为基础、社区为依托、机构为支撑、专业服务为方向”的社会养老服务体系。

一、把握区位特点，将劣势变为优势

解决长期照护问题的主要难点是财力、物力、人力。S市地处内陆，作为我国重要的老工业基地，经济发展不快，城市发展滞后。在发展养老服务事业过程中，与发达城市相比，无论是财力、物力、人力还是机构、设施等可比因素均处于劣

① 马春华等．中国城市家庭变迁的趋势和最新发现［J］．社会学研究，2011（02）：183-216.

② 本小节部分内容已发表于施巍巍等．欠发达城市养老服务问题研究［J］．老龄科学研究，2014（08）：34-43.

③ S市养老服务业综合改革试点方案（草案），2013.

势。但在相对成本理论视角下，相对低廉的劳务、土地、房租及生活必需品价格，使S市只需要相比发达城市少得多的投入，就能缓解长期照护的供需矛盾，从而将相对低成本优势转化为养老优势。

表4-4　社会服务成本以及养老机构供给数据比较

	从业人员平均工资（元/年，2011）	一次性建设床位补贴（元/张，2012）	床位数/百人（张/百人，2012）	民办养老机构的比例（%，2012）
北京	75482	40000~50000	3	46.4
上海	75591	30000	2.9	51.96
S市	30573①	800	3.5	94.85
全国	41799	各地不同	1.7	<30

数据来源：根据各地统计部门和民政部门发布的相关数据整理所得。

表4-4表明，尽管S市在提供长期照护中受到资金不足的困扰，但是，由于相较于发达城市及地区相对投入成本不高，S市在养老服务中具备了相对低成本优势。因此，如何把握住这种独特的相对低成本区位优势，使其转化为化解长期照护风险的条件，进而找到走出养老服务困局的可行路径，成为应对欠发达地区老年人照护服务困境的重要选择。

二、政策牵引，培育多元化的机构照护责任主体

S市构建了以政策扶持为导向、以公共财政为支撑、鼓励社会力量参与、全社会支持长期照护的发展机制；大力培育家庭、市场、社会、社区、政府等多个长期照护责任主体，并将照护机构的发展纳入城市小区配套规划，安排在好的地段建设养老服务设施。2010年市政府下发了《S市关于鼓励扶持社会力量兴办老年福利机构的若干意见》，按照公建民营、民办公助、公民合股、购买服务、政策补贴的模式推进；采取土地划拨规费减免、贷款贴息，床位建设、运营补贴，用水、电、气一律按民用收费，电话电视收费一律优惠的办法推动照护机构加快发展。此外，通过加大财政投入，新建扩建了一批具有示范效应的国有养老机构。

S市的照护机构现已形成了从医疗到休闲，从失能到临终关怀，从供养到养护，具有休闲、保健、护（理）养（老）结合、各具特色、功能齐全，能满足不同老年人需求的、不同档次的照护服务新格局。目前，S市已吸引社会投资3亿多元，城区共建有养老机构97家，拥有床位1.4万张，其中国有养老机构床位2000张，占14%。2013年，全市千名老人拥有床位数已达到35张，处于全国

① S市仅统计非私营单位在岗职工的工资。

前列。S市以“居家养老为基础、社区养老为依托、机构养老为支撑”的照护服务体系框架已经初步建立。[①] 其主要做法是，依托第一社会福利院和第二社会福利院两个国有福利院，全力打造以收养“三无”“五保”、低收入和失能老年人为重点，利用公共服务资源，向社会开放服务设施，集生活照料、医疗康复、文体娱乐、认证培训等多功能于一体的辐射周边、具有示范作用的大型开放照护机构。公办养老机构通过对民办养老机构进行技能培训和业务指导及发挥示范作用，助推民办养老机构发展。现在该市每个县（区）依托现有养老服务设施，整合社会养老服务资源，至少建设1所200张床位以上的规模适度、功能完善，以提供长期照护为重点，兼顾为残疾人、孤残儿童等提供服务的综合性公办社会福利机构。

三、提升居家照护功能，弥补因投入不足造成的长期照护缺失

在老年人迅速增加、养老服务保障制度不健全的情况下，居家照护对老年人的生活起着关键作用。在S市的改革发展中，家庭承载了因企业改革改组、职工转岗下岗等社会角色转换带来的巨大压力；承担了社会变迁、养老保障能力不足带来的养老风险；缓解了职工下岗退休对社会的冲击，显示了家庭作为最基本社会单元在维护社会稳定和谐中所发挥的基础性作用，尤其是在居家照护中体现出的低成本、高效率、简便灵活、安全感强的特点，证明家庭是最优质的、最可靠的、首选的老年照护资源，有着巨大的发展潜力。S市在大力支持、鼓励老年人居家照护中采取了四项措施：一是财力支持居家照护，每年拿出一部分资金以购买服务的方式支持居家照护，既加快了养老服务的社会化、市场化，也刺激了养老服务业的发展。二是利用社区平台支持居家照护。通过社区老年服务中心（站），将社会化的医疗、康复、家政、信息等专业服务引入家庭。在收费上，视情况采取无偿、低偿、有偿三种形式，使家庭照护能力与社会照护资源有机联系起来。三是利用政策从内部激活家庭照护潜力，向贫困家庭提供困难补助，帮助克服照护困难；对失能老人依据标准提供生活补贴用于购买社会服务；对居家照护老人的亲属通过社区提供喘息服务，以缓解体力、精力上的压力。四是在全市开展孝亲敬老活动，调动家庭照护的积极性，创建良好照护环境等等，从而使居家照护获得社会资源和社会舆论的支持，一定程度上满足老年人的照护需求。

四、从组织规划上保证各项措施落实

2009年，S市被批准为“全国老年友好型城市”建设国家级试点城市，依此

① S市养老服务业综合改革试点方案（草案），2013.

S 市把创建“全国老年友好型城市”列入 2010 年重点工作，建立了组织协调落实机制，制定了《创建“老年友好城市”（试点城市）实施方案》《“老年友好城市”（试点城市）评估方案》《关于鼓励扶持社会力量兴办老年社会福利机构的若干意见》等一系列文件，并依据文件，分解责任，制定落实办法，限期完成。

第五章　居家照护与老年人社会支持网络[①]

老年人在与他人的互动中，形成了社会关系网络，并能够从中获得经济、生活、情感等方面的帮助和支持。老年人社会支持网络规模的大小、强度、异质性等直接影响着老年人获得支持帮助的程度和质量。现实生活中老年人获得的社会支持主要包括由家庭、亲属、朋友、邻居等主体构成的非制度性支持和国家、市场、社会组织等提供的制度性支持。依据国情，我国老年人长期照护还是以家庭为主。家庭成为老年人社会支持网络的核心，不仅肩负着照护者的角色，提供经济支持、情感支持、生活支持，而且还承担着护理、医疗和康复的任务。但家庭规模的小型化、少子化，导致家庭养老资源已经无法满足老年人持续增长的长期照护服务需求。

家庭是社会成员重要的福利资源。依据家庭系统理论[②]，家庭主要系统会因任何家庭小系统的改变而改变。家庭中代际、抚养、生活、经济等子系统是相互协助而又相互制约的，老年人与家庭子女是被照护者与照护者的关系，也是相互影响的关系。老年人一旦在家庭中成为被照护者，则意味着老年人的生活完全需要依赖家庭成员，必然使家庭承受巨大的经济、人力、精神和心理压力。因此，家庭照护者的数量、个人素质、生活环境因素也会直接影响照护资源的供给。分析与老年人长期照护需求相关的社会支持网络特点，有利于构建老年人长期照护服务体系。

第一节　老年人样本及其非正式照护资源

在 S 市的 3 个中心城区抽取 6 个街道，在每个街道主要抽取两个社区，共发放问卷 800 份，回收有效问卷 740 份，有效回收率为 92.5%；并对老年人以及与案例城市养老服务相关的行政管理人员、社区工作人员进行深度访谈；在案例城市的民政部门、老龄部门以及相关社区召开座谈会。

① 本章的部分内容已发表于施巍巍等．欠发达城市养老服务问题研究［J］．老龄科学研究，2014(08)：34-43.

② 参见张文霞，朱东亮．家庭社会工作［M］．北京：社会科学文献出版社，2005：101.

一、样本的基本特点分析

（一）性别特点

如表 5-1-1 显示，在样本人群中，男性老年人占 45.8%，女性老年人占 54.2%。

表 5-1-1　样本老年人性别比例

	人数（人）	比例
女	400	54.2%
男	338	45.8%
合计	738	100%

（二）年龄构成特点

在抽样过程中发现，社区工作人员对老年人的划分更多是以离退休为基本标准，而非以年龄。案例城市中国有企业较多，在企业改革过程中职工下岗，50~55 岁退休职工也较多。因此，本次研究对部分 50~55 岁的退休职工进行了调查。虽然 50~55 岁之间退休的职工年龄尚未达到我国老年人的年龄标准，但是由于这一群体在 10~20 年后将成为老年人口，也是计划生育政策实施初期正值育龄时期的群体，对这一群体的社会支持网络特点进行调查，无疑具有一定的意义。因此，在本项目的调查中这一群体也被列入调查样本中。

图 5-1-1 显示了样本人群中 50~54 岁、55~59 岁、60~64 岁、65~69 岁、70~

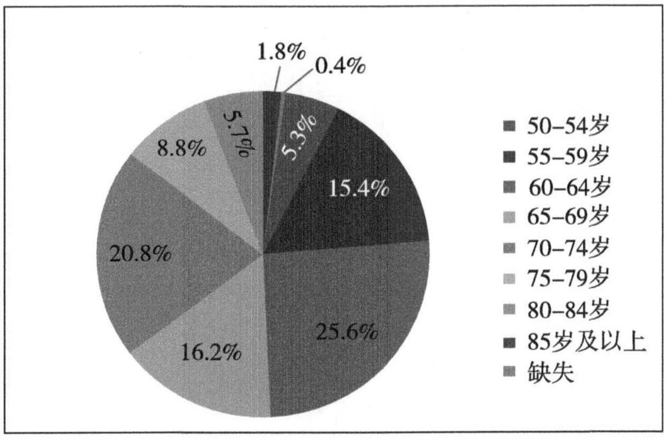

图 5-1-1　样本人群年龄构成情况（N=740）

74 岁、75~79 岁、80~84 岁和 85 岁以上各年龄组的构成情况。其中 50~54 岁人群所占的比例为 5. 3%；55~59 岁老年人所占的比例为 15. 4%；60~64 岁老年人所占的比例为 25. 6%；65~69 岁老年人所占的比例为 16. 2%；70~74 岁老年人所占的比例为 20. 8%；75~79 岁老年人所占的比例为 8. 8%；80~84 岁老年人所占的比例为 5. 7%；85 岁以上老年人所占的比例为 1. 8%。

（三）民族的基本构成情况

如表 5-1-2，根据样本数据可以看到，汉族老年人的人数比例占 95. 5%，占绝大多数，少数民族老年人占 4. 5%。

表 5-1-2　样本老年人民族分布情况

	人数（人）	比例
汉族	703	95. 5%
少数民族	33	4. 5%
合计	736	100. 0%

（四）文化程度概况

图 5-1-2 为样本老年人的文化程度分布情况。被调查样本老年人的文化程度以

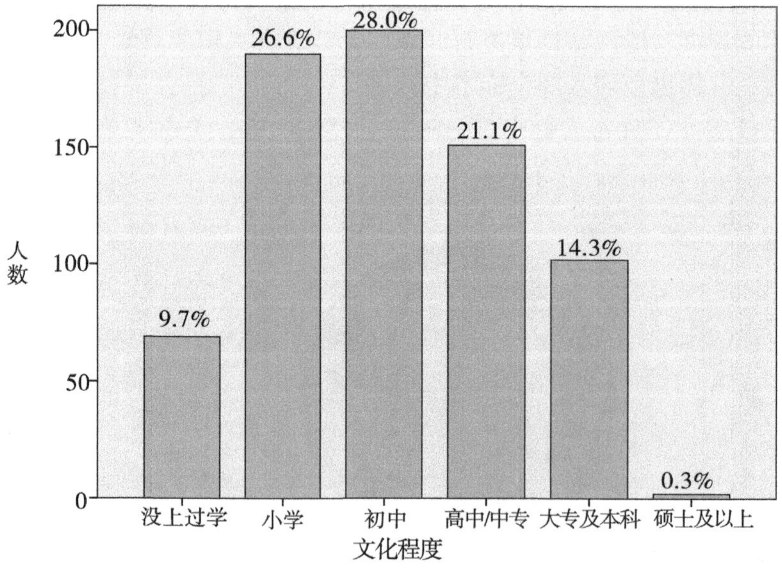

图 5-1-2　样本群体文化程度分布情况（N=714）

小学、初中文化程度为主，所占比例合计为 54.6%。其中小学文化程度的老年人所占比例为 26.6%，初中文化程度的老年人所占比例为 28.0%，没上过学的老年人所占比例为 9.7%，高中、中专文化程度的老年人所占比例为 21.1%，大专及本科文化程度的老年人所占比例为 14.3%，硕士及以上文化程度的老年人所占比例为 0.3%。

（五）经济收入概况

如图 5-1-3 所示，S 市月收入 800 元以下的样本老年人所占比例是 9.6%，月收入为 800~1200 元的老年人所占百分比为 25.6%，月收入 1201~1800 元的老年人所占的百分比为 22.8%，月收入 1801~2500 元的老年人所占的比例为 21.6%，月收入 2501~4000 元的老年人所占的比例为 18.5%，月收入 4000 元以上的老年人所占的比例为 1.9%。从中可以看出，70.0%的老年人的月收入在 800~2500 元之间。

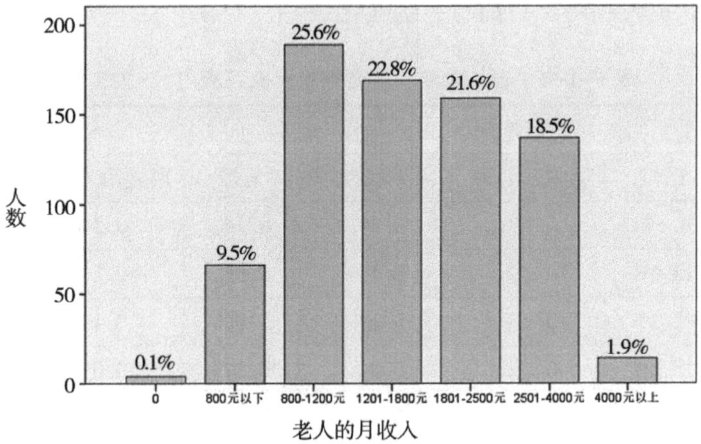

图 5-1-3　样本群体月收入状况（N=738）

表 5-1-3 显示了样本群体在收支相抵后的平衡状况，表示消费后“剩余很多”的老年人占 14.1%，“有些剩余”的老年人所占的比例为 48.1%，收支能够实现“平衡”的达到 23.6%，表示“不够用”的老年人所占的比例为 12.9%，“非常不够用”的老年人所占的比例为 1.3%。

表 5-1-3　收支相抵后是否平衡（N=665）

	剩余很多	有些剩余	收支平衡	不够用	非常不够用	合计
百分比	14.1%	48.1%	23.6%	12.9%	1.3%	100.0%

二、老年人非正式照护资源的特点分析

老年人的照护资源是较难测量的。一般而言，其婚姻状况和家庭构成是间接反映非正式照护资源的指标。[①] 此外，住房也是影响老年人选择居家照护方式的重要因素。因此，在老年人的非正式照护资源基本特点分析方面，将从老年人的婚姻状况、家庭构成和居住方式特点来说明。

（一）老年人的婚姻状况

配偶仍然是最重要的非正式社会支持主体。在社区内居住的老年人中，有配偶的老年人所占比例为86.6%，无配偶的老年人所占比例为13.4%。根据民政部1987~2017年《社会服务发展统计公报》的数据显示，我国离婚率由1987年的0.55%上涨至2017年的3.2%。可以预估，2030~2050年间，当人口老龄化达到峰值时，老年群体的婚姻状况将相对于目前有一定变化。

表 5-1-4　老年人年龄与婚姻状况交互表（N=723）

	有配偶			无配偶		
	已婚	丧偶后再婚	离异后再婚	未婚	离异后未再婚	丧偶后未再婚
50~54岁	4.6%	0.0%	0.3%	0.1%	0.3%	0.0%
55~59岁	13.6%	0.3%	0.1%	0.6%	0.2%	0.7%
60~64岁	22.2%	0.3%	0.1%	1.0%	0.1%	2.4%
65~69岁	15.0%	0.1%	0.0%	0.8%	0.0%	0.1%
70~74岁	14.4%	1.8%	0.0%	0.9%	0.3%	3.5%
75~79岁	7.6%	0.0%	0.0%	0.3%	0.0%	0.6%
80~84岁	4.3%	0.0%	0.0%	0.1%	0.0%	1.4%
85岁及以上	1.9%	0.0%	0.0%	0.0%	0.0%	0.0%
合计	83.6%	2.5%	0.5%	3.8%	0.9%	8.7%
	86.6%			13.4%		
	100.0%					

① Christina R. Victor. *Community Care and Older People* [M]. London: Stanley Thornes, 1997: 59.

（二）家庭构成

当老年人需要长期照护支持时，子女无疑会成为最重要的非正式社会支持主体，老年人拥有子女的数量也能够在一定程度上反映老年人家庭构成的特点。如表5-1-5所示，在样本群体中，无子女老年人占样本群体总数的3.6%，有1~2个子女的老年人占样本总数的52.0%，有3~4个子女的老年人占调查样本总数的35.5%，有5个及以上子女的老年人的比例为8.9%。此外，在S市70岁以下样本群体老年人中，有1~2名子女的老年人达到样本总数的37.4%，占70岁以下样本老年群体人数的60.2%。从中可以看出，在计划生育政策影响下，当前50~70岁的老年人作为当时正值育龄一代的群体，子女数量相对较少，导致家庭结构单一。可以预测，在未来我国人口老龄化达到峰值的2030~2050年间，这部分老年人将从当前的低龄老年人进入高龄老年人行列，这一群体的少子化问题也将会凸显，从而使家庭照护资源的稀缺性进一步突出。

表5-1-5　样本群体子女人数（N=724）

	无子女	1~2人	3~4人	5人及以上	合计
50~54岁	0.6%	4.2%	0.7%	0.0%	5.5%
55~59岁	1.4%	10.9%	2.5%	0.4%	15.2%
60~64岁	1.1%	13.9%	8.9%	1.3%	25.2%
65~69岁	0.3%	8.4%	6.7%	0.8%	16.2%
70~74岁	0.0%	8.4%	8.8%	3.7%	20.9%
75~79岁	0.1%	3.8%	4.3%	1.0%	9.2%
80~84岁	0.0%	1.7%	2.6%	1.5%	5.8%
85岁及以上	0.1%	0.7%	1.0%	0.2%	2.0%
合计	3.6%	52.0%	35.5%	8.9%	100.0%

（三）居住特点分析

在长期照护模式中，居家照护的重要条件就是老年人在社区内是否有居住的地方，或者是否有属于自己的住房。由于该案例城市在计划经济进入市场经济的转型时期，福利房转化为私有住房，老年人有自住房的比例较高。在样本群体中，拥有"自己的住房"的比例为74.1%，所居为"子女的住房"的比例为16.4%，住房属于"单位的"比例为2.0%。住房属于"亲属的"及其"其他"的比例为0.6%和6.9%（参见表5-1-6）。

表 5-1-6　老年人住房产权的百分比（N=706）

	自己的住房	子女的住房	亲属的	单位的	其他	合计
百分比	74.1%	16.4%	0.6%	2.0%	6.9%	100.0%

老年人在同一社区居住的时间越长，表明老年人对现有住房周围环境越熟悉，社会交往相对较多，社会支持网也有一定规模，这便于老年人从社会网中获得支持。如表 5-1-7 所示，老年人在现有社区生活 11 年以上的比例高达 65.4%，在现有社区生活 6~10 年的比例为 18.7%，在现有社区居住 1~5 年的老年人比例为 12.1%，在现有社区居住 1 年以下的老年人比例仅为 3.8%。

表 5-1-7　老年人在该社区生活的时间（N=702）

	1 年以下	1~5 年	6~10 年	11 年及以上	合计
百分比	3.8%	12.1%	18.7%	65.4%	100.0%

第二节　老年人居家照护支持体系

一、居家照护服务支持的供给现状[①]

（一）政府居家照护的目标群体

案例城市居家照护服务的对象即正式照护体系给予支持的目标群体，主要集中于 70 岁以上的低保、重点优抚对象和市级以上劳模，市财政每年拨付专项资金，提供医疗、家政、洗浴、理发等服务。[②] 全市范围内落实高龄补贴制度，为 80~90 岁低保、低收入家庭老人及 90 周岁以上老人发放高龄津贴，并积极探索建立“失能老人”的补贴制度。补助对象主要集中在高龄、失能半失能、低收入老年人群体，每月补助 260~300 元不等。从 2009 年开始，由政府购买服务，每年为 65 岁以上老年人免费健康体检；并发挥社区周边医院、浴池、理发店以及企业事业单位的社会服务优势，与社区建立联系或签订助老服务协议，方便老年人就近就医、理发、洗浴和娱乐健身并享受价格优惠。

① S 市的数据主要来自 S 市民政部门提供的相关资料。

② S 市养老服务业综合改革试点方案（草案），2013.

(二) 长期照护支持体系的硬件设施

目前，案例城市已经在市区建立了老年活动场所3000多个、社区居家照护服务中心214个、其中老年服务中心（站）178个，社区日间照料室170个，老年活动中心152个。以该市JH区为例，该区在硬件设施方面有很大改进。区内有老年福利机构63家，拥有床位4000张，每百名老人拥有床位12张。区内建有300平方米以上老年服务中心（站）20处，普遍设有日间照料室、娱乐室（体育、健身、娱乐）、阅览室、保健护理室、老年食堂、人生学堂，有的社区建有法律援助室、书画室、康复室等；有的社区还建立了“为老服务信息平台”，实现了覆盖全社区老年人基本情况、健康信息、服务需求的微机化管理，并开通代缴费服务和网上购买服务系统，其中有两个社区还开通了老年人远程医疗会诊系统。①

在医疗服务方面，S市建有社区医疗服务机构41个，全市35个街道全部设有社区卫生服务中心，人口超过3万的街道还设立了20个社区服务站，并为辖区80%以上的老年人建立了健康档案，目前社区卫生服务覆盖率达到了100%。在娱乐及健身休闲服务方面，全市每500米就有一个适合老年人活动的休闲广场，一半的社区设有体育健身器材，全市利于老年人活动的无障碍设施覆盖率高达80%以上。全市有20多万老年人活跃在社区各类文体娱乐场所。在日常生活照顾服务方面，建立社区老年服务中心（站）协调日托所、托老所、护理站、喘息所等，以满足老年人日常服务需求。

(三) 居家照护的组织体系和筹资

随着老年照护在社区服务中的地位日益上升，需要有独立的组织和筹资渠道保证居家照护可持续性发展。案例城市首先强化了对社区老年照护的组织领导，将养老服务作为优先的重要工作纳入社区工作日程。在将养老服务纳入各级财政预算、设立专项投资并建立动态保障机制的基础上，按照福利彩票公益金每年留存部分不低于50%的比例将其用于社区老年照护体系建设，② 以保证长期照护服务资金的可持续性。把建立资金投放机制作为养老机构建设的第一保障，不断加大对社区养老服务体系建设的投入力度，并采取“向上争一块、自身筹一块、民营资本投一块、资源整合补一块”的“四个一块”方式进一步提供资金保障。市财政部门将居家养老服务资金列入年度预算，维系了资金的可持续性。为推动S市社区养老服务的发展，选派热爱老龄工作的得力干部在街道专司其职。

在居家照护服务供给方面，以社区为依托，加强与社会的联系，由社区提供服务场所，签订合作协议，为社区引入专业化的医疗保健、家政和餐饮服务。

---

① S市养老服务业综合改革试点方案（草案），2013.

② 民政部门领导在S市社会养老服务体系建设现场会上的讲话，2012-06-12.

在居家照护的评估方面，完善了社区内老年人生活起居和健康状态的信息采集、探访、回馈等电子信息库建设；组织专业人员对居家照护老年人进行照护补贴等级评估并建立评估档案库。在每个社区成立了居家照护领导小组，成员由社区干部、助老员、退休的老干部管理员和社会组织或志愿者构成。

（四）居家照护的人力资源供给

在老年居家照护人力资源供给方面，在民政部门和老龄部门主导下，利用5年时间免费培训了3000名初级、300名中级、20名高级老年医学、护理、营养和心理等方面的专业护理人员。S市通过招聘和培养2000余名“4050”助老员，使之走上社区助老员和民办照护机构服务员岗位，为老年人提供服务。助老员每月享受一定额度的政府补贴（数额在逐年增长中）。这样不仅解决了老年照护人力不足的问题，而且还解决了部分“4050”人员的就业问题。

社区利用国企退休职工多、彼此熟悉、居住相对集中、互助互惠潜力大、易于构建密度强、规模大的老年人社会支持网络的有利条件，以楼栋为单位建立了老年志愿互助组、守望队，就近照护年长行动不便的老年人，从而在社区内形成了以社区干部、助老员为骨干，社会专业力量参与，以老年协会、志愿者为辅助的老年服务互助群众队伍。同时，在社区通过老年协会等组织，将精力充沛、身体健康的老年人请出家门，鼓励其积极参与社会活动；将能自理的老年人请到社区接受多样化的服务；对行动不便的老年人，由社区助老员或志愿者负责上门服务；对于起居有困难的老年人，则由社区帮助引入专业化的护理服务。以上举措使得社区在老年人支持网中既发挥了为老年人排忧解难的平台、桥梁作用，也发挥了为一些老年人提供参与社会生活的机会和渠道的组织作用，使得原本已经破损、萎缩的老年人社会支持网络得以重塑、修复和扩大。

二、正式社会照护资源的分析及预期

（一）居家养老服务政策的知晓情况和渠道

1. 居家养老服务政策的知晓情况

表5-2-1为社区老年人对于政府所实施的居家照护服务政策的知晓情况。在样本群体中，对案例城市所实施的老年人居家照护服务政策表示“非常了解”的老年人所占比例为9.1%，表示“比较了解”的老年人所占比例为35.1%，表示“不太了解”的老年人所占比例为35.8%，表示“完全不了解”的老年人所占比例是20.0%。

表 5-2-1　社区老年人对居家照护服务政策的知晓状况（N=659）

	非常了解	比较了解	不太了解	完全不了解	合计
百分比	9.1%	35.1%	35.8%	20.0%	100.0%

2. 居家养老服务政策的知晓渠道

如表 5-2-2 所示，老年人主要是通过“社区宣传”了解居家养老服务政策的，占比为 49.7%；其次，通过“媒体、电视、报纸等”宣传方式获知的比例为 27.0%；通过“家人和亲属朋友邻里等”非正式途径获知的比例为 15.1%。

表 5-2-2　社区老年人对居家养老服务政策的知晓渠道（N=344）

	家人和亲属朋友邻里等	社区宣传	媒体、电视、报纸等	其他	合计
百分比	15.1%	49.7%	27.0%	8.2%	100.0%

表 5-2-2 显示，有近半数的老年人是通过社区宣传获知居家养老服务政策的。这一方面表明，当地政府在养老服务方面的宣传力度较大，在调研期间我们发现，很多社区主任甚至可以如数家珍地列举社区内接受居家照护的老年人的名字及其家庭的基本状况。养老服务在该市的宣传比较成功，尤其是对一些有高龄老年人的家庭而言，养老服务的熟知程度更高。另一方面也表明，随着人口老龄化的发展趋势日益显著，非正式社会支持不足，使得人们对社会养老服务的关注度持续上升。在被问到“若需要有偿付费的居家养老服务，最希望由谁来提供”时，47.8%的样本群体表示希望由政府部门提供，1.8%的老年人希望由营利组织提供，18%的老年人希望由非营利组织提供，32.4%的样本群体仍然希望可以通过提供一定的报酬由家庭成员提供。这表明，一方面，当身体出现失能半失能状况、生活无法自理时，老年人的首选更多是集中于政府部门，希望政府能够提供更多的社会支持；另一方面，也表现出老年人对政府供给服务的信任。选择营利组织的人数最少，仅占 1.8%，也反映出欠发达地区老年人对养老服务市场价格的担忧以及对市场中养老服务机构服务质量的疑虑与不信任。选择非营利组织的比例为 18.0%，表明非营利组织即社会组织在老年人福利供给中的地位介于政府与营利组织之间。

表 5-2-3　若需要有偿付费的居家养老服务，最希望由谁来提供（N=672）

	正式社会支持主体			非正式社会支持主体	合计
	政府部门	营利组织	非营利组织	家庭	
百分比	47.8%	1.8%	18.0%	32.4%	100.0%

（二）老年人对长期照护服务模式的需求期望

以往的研究在分析老年照护模式方面，大多从机构和居家两个方面进行区分，但是忽视了社区内提供的日间照料或者全托照护服务，因此本课题组将社区内机构照护也作为重要的养老方式予以调查，将老年人长期照护服务模式分为居家照护、社区照护、机构照护三种。社区内机构照护主要包括日间照料或者全托服务。

1. 不同性别老年人对长期照护模式的偏好选择

从表 5-2-4 中可以看出，不同性别老年人对于照护模式的偏好选择比较相近。男性老年人选择居家照护模式的比例为 59. 0%，女性老年人选择该模式的比例为 55. 8%。在非社区机构照护模式选择上，男性老年人与女性老年人选择的比例也比较相似，分别为 13. 9%和 13. 3%。男性老年人选择社区照护模式的比例为 23. 6%，女性老年人选择该模式的比例为 27. 5%。

表 5-2-4　不同性别老年人对长期照护模式的偏好选择（N=706）

<table>
<tr><th colspan="2" rowspan="2">长期照护服务模式</th><th colspan="4">性别</th></tr>
<tr><th colspan="2">男（占该性别选择方式的比例）</th><th colspan="2">女（占该性别选择方式的比例）</th></tr>
<tr><td colspan="2">居家照护</td><td colspan="2">59. 0%</td><td colspan="2">55. 8%</td></tr>
<tr><td rowspan="2">社区照护
（如全托服务或者日间照料）</td><td>民办</td><td>1. 3%</td><td rowspan="2">23. 6%</td><td>2. 6%</td><td rowspan="2">27. 5%</td></tr>
<tr><td>公办</td><td>22. 3%</td><td>24. 9%</td></tr>
<tr><td rowspan="2">机构照护
（非社区）</td><td>民办</td><td>2. 3%</td><td rowspan="2">13. 9%</td><td>2. 6%</td><td rowspan="2">13. 3%</td></tr>
<tr><td>公办</td><td>11. 6%</td><td>10. 7%</td></tr>
<tr><td colspan="2">其他</td><td colspan="2">3. 5%</td><td colspan="2">3. 4%</td></tr>
<tr><td colspan="2">合计</td><td colspan="2">100. 0%</td><td colspan="2">100. 0%</td></tr>
</table>

2. 身体状况对长期照护模式选择的影响

表 5-2-5 显示了当老年人身体状况不同时，照护模式的选择情况。总体而言，目前身体较好时选择居家照护模式的老年人比例为 81. 9%，选择社区照护模式的老年人比例为 11. 8%，选择机构照护模式的老年人比例为 4. 6%。健康老年人在长期照护模式的选择上还是偏好于居家照护。从机构照护和社区照护模式的选择上看，老年人更多的还是偏好公办照护机构，认为公办照护机构的设施、环境、管理等方面优于民办照护机构。在社区照护机构的选择，选择民办照护机构的比例仅为 1. 5%，而选择公办照护机构的比例为 10. 3%。在照护机构的选择上，选择民办照护机构的比例为 1. 1%，选择公办照护机构的比例为 3. 5%。在照护模式选择上，地

缘关系因素凸显，11.8%的老年人选择社区内照护模式，认为离家近，可以更多地与子女团聚或者回家探望。相对而言，距离现有住房较远，不在社区中的机构照护模式的选择比例为4.6%。

表5-2-5　老年人身体情况与养老模式偏好的选择交互表（N=704）

<table>
<tr><td colspan="4">目前期望的养老模式</td><td colspan="4">若生活不能自理时，养老模式偏好</td></tr>
<tr><td colspan="2">居家照护</td><td colspan="2">81.9%</td><td colspan="2">居家照护</td><td colspan="2">57.0%</td></tr>
<tr><td rowspan="2">社区照护（如全托服务或者日间照料）</td><td>民办</td><td>1.5%</td><td rowspan="2">11.8%</td><td rowspan="2">社区照护（如全托服务或者日间照料）</td><td>民办</td><td>2.0%</td><td rowspan="2">25.6%</td></tr>
<tr><td>公办</td><td>10.3%</td><td>公办</td><td>23.6%</td></tr>
<tr><td rowspan="2">机构照护（非社区）</td><td>民办</td><td>1.1%</td><td rowspan="2">4.6%</td><td rowspan="2">机构照护（非社区）</td><td>民办</td><td>2.7%</td><td rowspan="2">13.8%</td></tr>
<tr><td>公办</td><td>3.5%</td><td>公办</td><td>11.1%</td></tr>
<tr><td>其他</td><td colspan="3">1.7%</td><td>其他</td><td colspan="3">3.6%</td></tr>
<tr><td colspan="2">合计</td><td colspan="2">100.0%</td><td>合计</td><td colspan="3">100.0%</td></tr>
</table>

由于所调查的样本人群生活不能自理的比例较低，因此，在问卷中所设定的问题是假设未来失能时所期望的养老模式。如表5-2-5所示，老年人在失能时期偏好居家照护模式的比例为57.0%，相比当前身体能够自理时选择该模式的比例低24.9%；而偏好于社区照护和机构照护模式的比例为39.4%，相比目前期望的照护模式中选择以上两种模式的比例16.4%，高出一倍多。但是在社区照护和社区外机构照护的选择上，选择前者的老年人比例为25.6%，而选择后者的老年人比例为13.8%。这一比例变化说明，老年人在身体能够自理的情况下，更倾向于居家照护，只有当身体失能后，为减轻家庭、子女的压力，才会想到社区照护或机构照护。但是从对这两种照护模式的选择中可以发现，老年人更倾向于居住在自己熟悉的环境中，希望可以在社区的托老所或者养老机构中养老而非在远离自己住宅的机构中养老，这样可以继续保持与家人的联系，便于及时获得家人的支持。

（三）居家照护服务的期望

在对老年人失能时期最需要的照护服务的调查中（参见表5-2-6），当被问及“关于养老，不能照顾自己时，最担心的是什么”时，回答担心“无人照料”

和“精神孤独”的比例是最高的，分别是55.5%和54.4%；而选择“无生活费”和“住房难”这两项比例相对较低，分别是11.7%和25.9%。这说明在生活不能自理需要长期照护支持时，在我国不断完善社会养老保险制度的背景下，老年人对经济支持的担心有所下降。但是在非正式社会支持不足的情况下，对长期照护中社会照护的需求以及情感需求的比例有所上升。对长期照护支持中医疗照护需求的担心比例，即担心“无钱治病”的比例为39.8%，仅次于对社会照护和情感支持需求的担心比例。

表5-2-6　关于养老，不能照顾自己时，最担心的是什么（可多选）（N=466）

	无人照料	住房难	无生活费	无钱治病	精神孤独	其他
百分比	55.5%	11.7%	25.9%	39.8%	54.4%	1.5%

以案例城市为例，由于居家照护服务支持的覆盖率不高，所提供的服务专业性有限，总体水平处于满足老年人基本生活和基本医疗水平上，未来将很难满足大部分老年人长期照护服务升级的需求。

在老年人所需要的照护服务项目中，55%以上的老年人都选择了一种或者一种以上的社区服务项目（参见表5-2-7）。其中，最希望获得的服务是“上门提供医疗照护”，比例为62.7%；其次是“老年饭桌”和“送餐服务”，占比分别为51.0%和44.5%；选择“体检”的占比为46.9%，选择“日常生活照料”的占比为43.6%。虽然表5-2-6显示，老年人对情感支持的需求比例非常大，但是当被问及“是否需要政府提供正式社会支持”时，表5-2-7显示选择“心理咨询”服务的老年人比例下降至23.0%。虽然目前案例城市的各个社区也提供了心理咨询、精神慰藉等服务，但是利用率比较低。这说明老年人虽然非常担心在精神上没有人陪伴，但是对于提供情感支持的主体，更多希望选择非正式社会支持主体而非正式社会支持主体。

表5-2-7　对居家照护服务的需求项目比例（可多选）（N=644）

	日常生活照料	上门提供医疗照护	文化娱乐活动	体检	心理咨询	送餐服务	老年饭桌	陪同服务
需要	43.6%	62.7%	36.5%	46.9%	23.0%	44.5%	51.0%	23.0%

三、案例城市正式社会支持体系特点分析

课题组所调研的案例城市作为欠发达城市，虽然财政收入有限，补助的老年人目标群体过小，补助水平相较于发达城市低，但S市政府有效利用了欠发达地

区的低成本优势，通过支持老年人参与社会活动，疏通老年人人际交往渠道，加强老年人人际互动，发挥S市大型国有企业多、企业内职工熟人社会的特点，通过邻里互助、老年人之间的互助，重塑老年社会支持网络，整合社会资源，这使老年人能及时得到社会的帮助、支持去克服困难。这在某种程度上缓解了空巢、低收入、高龄老年人所需的照护服务缺失问题。

（一）目标群体具有选择性

合理选择社会支持的目标群体，有利于提高资源利用效率。案例城市根据欠发达城市财力状况，采取突出重点、收窄照护范围的策略，有选择地为低收入、高龄、失能半失能老年人等最弱势群体提供服务，而未针对全市近86万老年人提供普惠式的福利。对所有国办、民办养老机构均给予优惠政策，从而实现间接地对所有老年人给予补助的目标。政府给予老年人支持的力度很有限，究其原因主要是财力不足、经济欠发达。

> 全市的老年人一共86万，依据我们现有的市财政，很难给予全市老年人补助。比如我们有一个区，给老年人过生日、买蛋糕，但针对全市老年人，一个蛋糕按最低50元算，全市将花费4300万元，财政方面是很难承受的。
>
> ——摘自对S市老龄委相关负责人的深度访谈记录

根据S市民政部门提供的数据显示，以S市JH区为例，该区有人口30万，60岁以上老年人共有3.36万，每年老年人口增长速度为3%，其中空巢、失能半失能、低收入老年人分别占老年人口总数的7%、15%、20%。该区每年筹资78万元为1138名符合条件的老年人购买照护服务；100万元为650名高龄老人发放补贴；为近900名75岁以上老年人、70岁以上残疾老年人过生日时发放60元“福寿金”。相对于该区3.36万的老年人，实际补贴群体不到2000人。以TF区LH街道LN社区为例，60岁以上老年人有1456名，其中空巢老人75人，失能半失能老人28人，低保17人，低收入9人，离休干部27人，享受劳模待遇35人。有44名老人由政府为其购买服务，有14名高龄老人每月享受100元生活补贴，低保老人、优抚对象、市级以上劳模每人每月享有50元的养老优惠券补贴。JH区失能半失能老年人占老年人口比例为15%，即这一区内，就有5000余名失能半失能、有长期照护需求的老年人。这表明接受政府补贴的老年人人数有限，获得服务的考量标准并非是否有长期照护需求，而是经济收入、年龄以及在单位工作期间的贡献。

（二）居家照护责任主体的分工

预计到2020年我国将全面建成以“居家养老为基础、社区为依托、机构为支撑”的覆盖城乡的多样化养老服务体系。目前，各地的养老模式基本以“9064”“9073”① 的比例发展。但是，在具体实践中，居家照护正式社会支持的基础性作用比较模糊，更多的是以居住方式来强调居家照护。真正意义的居家照护是能够提供社会化、专业化的服务，并有效利用正式与非正式社会支持资源的。只有将家庭照护与专业化的社区服务对接起来，使社区成为引入各种社会资源进入家庭的平台，才能实现真正的居家照护。这就需要分清参与居家照护的各责任主体的职责，否则随着社区服务内容的多样化、老年人口的增加，仅靠社区工作人员是难以推动居家照护服务发展的。

> 整个社区大概2000多户，我们社区十几个人工作的内容主要由街道那边派下来，街道所有的工作都在社区。服务老年人只是我们工作的一部分。
>
> ——摘自对TF区NSY负责人的深度访谈记录

> 我们社区，原来开始组建社区的时候就三个人，社区主任，之后配备两个副主任。现在社会工作越来越多了，政府给我们增加了人员，像老干部工作就配备了老干部管理员，管老龄的有老龄管理员，管残联的有残联管理员，越来越多，现在社区整个管劳动、管医保等的达到十五六人。
>
> ——摘自对TF区NSY负责人的深度访谈记录

社区服务往往是依托街道和社区居民委员会发动社区力量开展具有社会福利性质的居民服务。② 而养老服务的内容重点是长期照护服务，与社区服务虽然同属于公共服务，但服务属性有着本质的区别。社区服务更多的是便民服务，公益、福利属性更加突出，面向广大居民群体，诸多服务不需要居民单独付费。而居家照护这一应对我国老龄化社会风险的服务，却属于准公共产品，面对的群体是老年人，尤其是有长期照护需求的失能半失能老年人，需要家庭、政府、社会三方共同合作才能够完成。此外，居家照护的专业性也是目前的社区服务难以承载的。因此，社区与进入社区提供服务的各供给主体如何协调、分工、相互配合，是值得观察思考的。

应该看到，长期照护服务业是劳务密集型产业，提供服务的主体是人，并非仅仅是物质或者经济补助，所以应着重考虑人力资源的质量。为保证服务的可持续性，首先要保证人力资源的可持续性和专业性。以S市为例，每个社区基本都有1000余名老年人，较大的社区有近2000名老年人。虽然每个社区都有相应的人员承担部分养老服务责任，但力量不足，也无法提供专业化的照护服务。因此社区服

① “9064”模式，即90%的老年人居家养老，6%的老年人依托社区养老，4%的老年人在机构养老；“9073”模式，即90%的老年人居家养老，7%的老年人依托社区养老，3%的老年人在机构养老。

② 邓伟志，李一．中国社区建设的实践与探索［M］．杭州：浙江教育出版社，2009：91.

务只能突出重点，服务关键人群，否则也会给基层工作人员带来很大困惑和负担。从事基层服务的社区工作人员对于老年人的需求非常了解，尤其是针对一些重点老年人的需求较容易做到上门服务。除了对低收入、高龄老年人等政策规定的最弱势老年人提供一些免费的社区服务以外，也对不符合条件的、但有一定经济支付能力的老年人提供有偿服务。有一些社区负责人认为，这方面的需求量也很大。但是如果涵盖这部分群体，社区力量显然是不够的，需要引入市场机制，将社会上的医疗、家政、护理等专业化资源，通过社区平台引入家庭。

有一些独居行动不便的老年人，是需要上门服务的，其实我们也可以做一些（有偿的）服务。如果我们做，独居或者有需要的老年人有什么事了，可以和社区便民服务建立网络联系，你说中午饭没有吃，你说想吃啥，你想吃包子，我到饭店去给你买一顿包子。但是除了收包子的钱外，收两块钱服务费也可以，像上门服务费这种也可以。

——摘自对 TF 区 NSY 社区负责人的深度访谈记录

有一些社区工作人员认为上门服务是失能半失能、行动不便老年人亟须的服务，但是潜在的大量需求需要相应的服务人员，如果用志愿性的义务服务去维系，往往很难持续。

如果针对一些服务，对老人收取一点费用，其实是正常的，老人也理解，他们信任政府提供的服务。比如说每个社区所建立的居家养老这个服务机构都有哪些服务项目，打印出来，把这些东西发放到老人家中，老人有某个服务需求，可以跟我联系。这是可以的。我觉得这是个方向。

——摘自对 TF 区 NSY 社区工作人员的深度访谈记录

虽然也有社区负责人认为居家照护服务是社区服务中的一部分，应该向低收入老年人提供无偿的服务，但是无偿服务带来的可持续性问题是很难解决的。对于向老年人收取一定的服务费用，有一定经济条件的老年人也会理解，而且他们也不愿意经常使用社区提供的免费服务，希望可以低偿购买服务。

因为都非常熟，都是我们的居民，再怎么也不好意思。所以我们都是免费提供服务。收点费用，双方都不好意思！一开始老人有点不好意思，我们要点钱吧，我们也不好意思。

——摘自对 TF 区 LH 社区负责人的深度访谈记录

总体而言，居家照护作为基础性养老服务，如果将其归为社区服务中的一个子项，针对最底层的老年群体提供免费志愿的社区服务，反而会将 90%以上的老年人暴露于风险之内，没有起到真正缓解未来照护风险的作用。此外，按照现行的运行方式，无论是从财力还是从人力资源上，社区供给主体都无力承担长期照护的重任，反而规避了为庞大的老年群体服务的责任。上述分析表明，社区在老年人长期照护服务中，更适宜扮演提供公益性服务（以少数政策内老年人为服务对象）以及协调管理者的角色。通过对社区内老年人情况的掌握，组织协调相关人员对老年人进行服务等级评估，负责组织将社会化专业服务力量引入社区、家庭，做好服务监督工作，维护好老年人的权益。

（三）部分居家照护服务供给的虚化

若将居家照护划为社区服务，则更多的是看中其在文化娱乐、保洁等方面所提供的便民服务，距离专业化的长期照护服务还比较远，无法满足失能半失能老年人的长期照护服务需求。

在老年照护内容方面，以 JH 区为例，按公益和社会化服务两大类划分共有 23 个服务项目，其中公益类服务有 6 项（健身娱乐、图书阅览、日间休息、定期体检、法律咨询、精神慰藉）；社会化服务有 8 项（打扫卫生、送餐上门、代缴费用、代购用品、上门陪护、洗衣缝补、入户理发、日间照料）。同时针对收入水平不同的老年人群分别开展无偿、低偿和有偿服务。为确保“三无”老人和家庭困难老年人能够享受多种形式的社会化服务，在社区引进了部分蔬菜、生活必需品的直销业务，以降低低收入老人的日常生活成本；引入手工艺制作项目，帮助生活困难老年人脱贫。

从以上的照护服务内容看，更多的是改善了“三无”老年人和低收入老年人的生活质量。但是失能、半失能老年人所需要的由专业人员提供的生活照料、康复等长期照护服务需求并未得到满足。健身娱乐、图书阅览、日间照料、定期体检、法律咨询、精神慰藉服务由于被设为公益性质，所以深受老年人的欢迎。但是这些服务的主要对象是生活能够自理的健康老年人，因此在长期照护服务的光谱上，起到的是预防功能。失能半失能的老年人由于行动不便，反而很少能够享受到这些服务。从中反映出社区服务中缺少针对失能半失能老年人的深层次、专业化服务，在引入社会服务资源进社区、家庭方面还需创新。

对于那些已经失能半失能、行动不便的老年人来说，精神慰藉、日间照料的服务则显得更为重要。但是由于这些服务需要更专业的长期照护服务人员，让社区工作人员承担此项工作显得勉为其难。在调研过程中我们发现，各社区均出现日间照料室利用率较低的情况。许多日间照料室床铺整齐，卫生良好，但是来此享受照料服务的老年人不多。原因就是将这些长期照护服务设立为公益性质的，仅仅依赖于发动社区力量、志愿者，难以提供专业的、可持续性的服务。将专业的长期照护服务纳入便民社区服务中，如果没有资金付给专业护理人员，也难以实现服务的专业化和可持续性发展，最终反而会造成老年人最需要的、能够缓解人口老龄化风险的长期照护服务的虚化。

尽管在社区服务中针对不同收入水平的老年人群分别开展无偿、低偿和有偿服务，但是在实践过程中，对可提供低偿和有偿服务的群体在政府的文件中并未有较准确的表述，造成受益群体的模糊性。政府在居家照护支持中发挥的是主导示范作用，仅解决最困难弱势的一小部分老年群体的长期照护问题。这表明，对居家照护的大量潜在需求没有得到满足，其市场潜力巨大，有很大的发展空间。

你看老人正在这儿读书看报。这是老人食堂，他们中午可以在这里就餐，现在有十六七个老人到这里吃饭……现在有电话订餐的，有订餐送餐的。我们有扩大就餐服务的需求，但是要我们做强、做大，能力有限。现在由助老员送餐，老人非常认可，但需求量大，应付不来。一方面要给我们增加人员编制，另一方面增加他们的福利待遇。这个增加以后，就可以增加一些他们的劳动强度。现在困难就困难在缺乏资金，缺乏人力。这个服务是低偿的。

——摘自对 YI 社区负责人的深度访谈记录

我们主要针对独居老人，我们之间有一个电话联系。打一个电话，送两袋盐，把两袋盐送过去以后，再收钱。以社区老党员为主，他们责任心强。所以，社区守望队、小技能服务队主要帮助那些独居老人。

——摘自对 TF 区 NSY 社区负责人的深度访谈记录

长期照护在产品属性上属于准公共产品，因此除了“三无”人员、低收入群体以外，对于大多数老年人而言，居家长期照护内容需要有偿购买。而社区服务人员在现有政策不明朗、老年人消费能力又有限的状况下，扩大服务存在困难。一方面，社区无法满足大多数老年人对专业化的长期照护服务的需求；另一方面，准公共服务的性质决定了长期照护服务市场是不完全市场，不能完全由供方与需方决定市场价格，政府需要利用给予养老服务补贴等形式，实现公补民用，用“个人自费+政府补贴”这一杠杆撬动供需双方，推动市场发展。

表 5-2-8 2012 年 YI 社区老年人俱乐部收费项目标准一览表

服务对象	服务和活动项目	收费标准	备注
辖区 60 岁以上老年人	乒乓球	——	对享受低保的老年人实行无偿服务。
	台球		
	麻将		
	其他棋牌		
	健身器械		
	图书阅览		
	俱乐部安排的所有活动		

续表

服务对象	服务和活动项目	收费标准	备注
日间照料的老年人 部分有就餐愿望的老年人	中午就餐服务	5元/天	主要是材料费和工费。在老年人食堂就餐。
需日间照料的老年人	日间照料	200元/月	费用用于水电等日常支出。
	接送服务		
	医疗保健		
	康复器材		
	健身器材		
	心理疏导		
	免费体检		

（四）邻里互助支持网络的构建

案例城市利用社区居民之间相互熟悉程度较高、信任感强，国有大型企业职工较多、居住相对集中这一条件，在各社区、各楼内建立邻里互助网络，有助于老年人之间互帮互助。社区以楼栋、楼道、院落为单位，组织楼栋组长、热心邻居与老年人结成互助邻里，或者在各社区组建助老守望队，即一栋楼中，以党员、组员为基础，吸纳身体健康的居民为志愿者。对于本楼栋中的孤寡老年人，实行一帮一助老服务。例如，TF区LH社区成立了由300人组成的为老服务志愿者队伍，组织社区助老员和志愿者等有关人员坚持与行动不便的老年人陪伴聊天，为其整理房间、打扫卫生、洗衣做饭、买菜送饭。

有的老年人行动不便，有看病、买菜、擦玻璃、做饭等需求，（这些服务）都是免费的。

——摘自对JH区LH社区负责人的深度访谈记录

在邻里之间构建互助网络，形成互助小组，解决孤寡老年人的困难。

我们邻居之间开展互帮互助。这个楼有一位老人摔坏了膝盖，他家的邻居就是那个高XX助老队员，从那以后她和那个老人就建立了互帮互助关系，定期去服务。假如你每月需洗一次澡，就每月带你去一次，你要是每周去一次，就每周带你去一次。像他家买药啊买菜啊，都是交给高XX，高XX随时随地给他去办，常年如一日……邻里守望队是就近的，老人有啥事呢就直接找他了，不直接找我们社区。

——摘自对TF区LH社区负责人的深度访谈记录

还有一些社区实行网格化管理。如 YI 社区，将有需求的老年人划分为四类，即求助型、救助型、心理型、康复型，实施网格化服务。一个楼一个楼长，一门一员。在一个楼栋内，一般居住着 3~4 名老年人，如果老年人有事情，可以先通知楼长，有需要时工作人员可以及时赶到。

邻里守望以及互助网络的建立，对于解决部分老年人的日常生活照护问题起到了非常好的作用。但不能满足老年人在失能半失能后所需要的专业化的长期照护需求。

在社区内居民相互比较熟识、信任和遵守道德的基础上，易于建立社会支持网络，顺利开展老年人之间的互助支持。但是随着现代城市人口流动日益频繁以及社区内新一代群体的比例逐渐加大，原有熟人社会下的社会支持网络的紧密度将会下降。

> 老人还是喜欢沟通的。如果居住的老年人多，他可能楼上楼下老王老张老李的，他们就沟通得特别好，彼此也知道得特别详细。如果说这个楼全是年轻人，你上三楼问老王去，四楼他不知道。这个吧，弊病在哪儿呢？年轻人都在忙，有工作，彼此也不是一个单位的，就不太熟悉。
>
> ——摘自对 TF 区 NSY 负责人的深度访谈记录

> 其实我们作为社区，就应该发挥接济、帮扶、友爱的桥梁作用。但是现在，你怎么让年轻人帮助这些老年人？既不是自己家的亲戚，又不是自己家的朋友，而且还要忙工作。
>
> ——摘自对 TF 区 NSY 负责人的深度访谈记录

这从一个侧面反映出，案例城市作为老工业基地，有大量的产业工人在同一个单位上班，比邻而居所形成的社会支持网络在老龄化过程中，如果被政府有效利用，能够发挥一定的作用。

（五）有效利用了人力资源，但需要建立长效机制

案例城市在各区都设有助老员这一公益性岗位。如 JH 区的社区组成了以社区干部为骨干以老年协会队伍和社工为辅助，有 54 名助老员、38 名离退休义务管理员和社会化服务队伍参与的为老服务队伍。但是在调研中，我们发现诸多社区都提出了增加助老员数量以及提高助老员待遇的问题。

> 几百元的工资本来就很低。我们社区有个老年人就说，老伴不在家，原来是孙子跟他一起过，孩子都在外地打工，常年不回来。现在孙子一考上大学，也走了，走了之后就剩一个老太太，天天就扶着墙蹭着走。她就说，那个助老员就像我的闺女一样啊，天天来我们家照顾啊，给买米买面，帮助洗澡。她全

指着助老员。“什么都得让你去。”可收入与付出不平衡，咱们社区好多老年人临终前都是我们助老员伺候着。

——摘自对JH区负责人的深度访谈记录

助老员大多属于“4050”人员，因此在为老服务上，有着年轻人所没有的优势。在社会转型期，“4050”下岗人员劳动力数量较大，因此当地政府针对自身经济特点，设立公益性岗位助老员，在很大程度上既解决了本身是弱势群体的助老员的就业问题，也缓解了社区内亟须的长期照护需求问题。但是，随着这些助老员年龄的增加和下岗职工的减少以及其他行业的挤出效应，如何解决助老员的可持续性，是否应将助老员这一机制长效化，是S市包括其他欠发达城市政府需要深入考虑的。此外，随着老龄化的发展，照护的需求量也越来越大，服务供不应求。因此，创新助老员工作的方式方法，也有待在实践中探索。

现在我们有点力不从心了……现在需求越来越多，孤寡空巢老人的需求，这些到家里洗洗涮涮都可以，(买米买面)，买一些日常生活用品。但是现在不是这样的了，现在的服务广了。有子女的他也需要你去帮助他，如订餐啦……现在难了，送餐的需求越来越多了，人手都不够了。

——摘自对YI社区相关负责人的深度访谈记录

总体而言，相对于照护机构，居家照护服务反而呈现出志愿化、公益化的特点。养老服务所包含的内容较为庞杂，将其纳入社区服务后，社区服务人员的人力显然不够。就助老员目前的工作量，确实存在供不应求的问题、人力资本薪酬过低的问题以及由此导致的难以招聘到合适人员上岗的问题。

第三节　老年人长期照护社会支持网络的特点

老年人长期照护社会支持网络是指当老年人行动不便，甚至失能半失能时能够从社会关系网络中获得的帮助和支持。相对于健康老年人，当老年人处于失能状态时，需要更多的社会支持，必然表现为非正式社会支持和正式社会支持都要以不同的方式，向老年人提供经济上、情感上、生活上的相应支持，而非仅仅是狭义的长期照护支持。而每一个具体社会支持网络彼此之间也有着巨大的差异。因此，本书将逐步对以下几个具体的子网进行分析。

与老年人长期照护需求相关的社会支持网络子网类型主要分为四类：经济支持、情感支持、短期护理以及长期护理支持网络。

老年人社会支持网络中的支持主体是多元的，根据主体不同，一般分为正式社会支持主体与非正式社会支持主体。以往的研究者仅仅将社会支持网络的主体限定在非正式社会支持体系中，并大多将其分为亲缘关系和非亲缘关系。非正式社会支持主体的亲缘关系主体主要包括“配偶”“儿子”“女儿”“女婿”“儿媳”“兄弟姐妹”以及其他亲属；非亲缘关系包括“同事”“同学”“朋友”“邻居”。正式社会支持主体被细化为“社区工作人员”“社会组织或志愿者”“养老机构”“保姆”。有学者认为，正式社会支持主体与非正式社会支持主体之间的关系是补偿模式和任务主导模式的关系，每一个子网的具体支持主体都会各有不同。在每一种社会支持的子网中，其实可以通过观察非正式社会支持体系对老年人的支持，预估未来老年人对正式社会支持体系的期望，以完善老年人失能半失能时所需要的社会支持网络。

一、网络规模

网络规模是指网络成员的数量，网络成员的多少决定着网络规模大小。老年人社会网络规模的大小，反映了老年人可拥有和获取的社会资源的多少，并从其与他人的社会关系和参与社会生活的形式中，折射出个人的精神与情感生活。如潘允康等人（1995）的调查表明，家庭网的规模在 6~7 户。洪小良（2007）以户为单位对北京市贫困家庭的社会支持网络进行了调研，发现社会支持网的平均规模为 4.2 人，也小于北京市居民的平均社会支持网络规模。个案留守儿童除父母和监护人以外的社会支持网的网络平均规模是 5.1 人。儿童家庭外部的社会支持网络主要由亲戚和朋友网构成，亲戚网的规模为 1.7 人，朋友网的规模为 3.2 人（张克云，叶敬忠，2010）。根据以往的研究，由于群体不同，网络规模也不尽相同。曹子玮（2003）对农民工的调查表明，经济支持网络规模的均值为 2.19，精神支持的网络规模均值为 2.30 人，讨论网络规模的均值为 2.35 人。张文宏等人（1999）对城市居民的社会支持网络规模进行调查，利用提名问题测量方法，调查了意想而非实际发生的社会支持网络，认为居民精神支持网络的平均规模是 2.1 人，城市居民的精神支持网络平均规模为 2.6 人。

在有关天津市老年人的社会支持网络规模研究中，孙彦峰和丛梅（1993）在上述基础上得出的结论是平均值为 3.1 人，说明老年社会的网络规模已经大为缩小。贺寨平（2004）对山西老年人的社会支持网络进行了调查，调查结果表明，山西农村老年人的平均网络规模为 9.1 人。其中 71.5%的人社会支持网络规模是 6 人以上，其中三分之一以上的老年人的网络规模甚至达到 9 人以上。调查分析表明，老年人长期照护社会支持网络规模小的主要成因是：老年人退出工作岗位后或进入老年后社会活动明显减少，社交圈萎缩，原有的以工作岗位业缘关系为主形成的上下级、同事、朋友关系网络逐渐淡化，或因工作关系不再而自然中断，取而代之的是亲缘关系，与朋友、同学、邻里的交往增多，但人数明显减少。尤其是当老年人行动不便或失能半失能时，其与外界的交往几乎中断，获得帮助支持的可能性也随之降低，社会网络的规模缩至以家庭亲缘关系为主。由此表明，获得来自家庭、亲属提供支持的可能性最大，而且支持的质量、作用效果大于数量。可见，年龄、身体状况与网络规模大小有着直接的关系。

（一）经济支持网络规模分析

如表 5-3-1 所示，所调查样本老年人的经济支持网络规模平均值为 1.64 人，标准差为 1.260。近 94%的老年人经济支持网络规模为 3 人或者 3 人以内。老年人的经济支持网规模是由老年人的经济收入构成决定的。城市老年人的经济支持网络以正式社会制度性收入（退休金、救助金）为主，其他收入为辅（如子女资助或者来自其他社会支持主体的支持）。因此，老年人经济支持网络具有综合性，并且稳定可靠。这与贺寨平（2004：84-85）对山西农村老年人所做的研究得出的网络规模数值有较大区别。在对山西农村老年人的研究中，将“借钱”这一题目所得出的网络称之为实际支持网络，网络规模在 3 人以内的老年人占所有老年人的百分比为 13.8%。而在对农村贫困家庭的社会支持网络的研究中，贫困家庭的实际支持网络规模在 3 人以下的，达到了 95%以上。这与老年人综合性的社会支持网络规模有关，也体现出农村地区宗族关系对老年人经济支持的影响。城市中的地缘关系也严重影响着老年人的经济支持体系，与城市中经济基础比较弱的贫困家庭的老年人相比，非贫困家庭的老年人的经济支持网络规模要好一些，但是在询问老年人“是否会借钱”这一问题时，大多数老年人的第一反应是不会借钱，在进一步假设的情况下，得出了上述结论。22.1%的老年人认为根据自己的经济状况，不会出现向其他人借钱的情况，或者表示无人可借；并且表示如果一定需要资金，也不会考虑向他人借钱，而是会考虑向银行或者其他机构进行短期借贷或者卖房等。这也表明老年人作为非劳动力的弱势群体，当经济出现问题时，其自身的偿还能力下降，使其不愿意或者无法向其他人寻求经济支持。

表 5-3-1　老年人经济支持网络规模

网络规模	有效百分比	累计百分比	平均值	标准差
0	22.1%	22.1%		
1	25.5%	47.6%		
2	27.3%	74.9%		
3	18.7%	93.6%		
4	3.9%	97.5%		
5	1.9%	99.4%		

续表

网络规模	有效百分比	累计百分比	平均值	标准差
6人及以上	0.6%	100.0%		
合计	100.0%		1.64	1.260
有效样本	736			

经济支持网络是老年人社会支持网络中非常重要的一个子网，直接影响到老年人身体失能时长期照护模式的选择。经济支持网络规模主要调查假设老年人失能半失能后，急需一大笔钱时，所能想到的人。老年人身体出现失能或者严重失能时，经济上的耗资是非常严重的，尤其在医疗、社会照护方面。在美国，当出现失能情况时，老年人会因资产耗尽而接受社会救助入住养老机构。因此，此问题的设置主要是通过一种对经济极度匮乏时的假设，如资产耗尽时，重点探讨老年人可能会获得的经济支持，以期分析当老年人有长期照护需求时，所能获得的经济支持网络的特点。

（二）情感支持网络规模分析

情感支持对老年人的身心健康及晚年生活具有重要意义。我国属于未富先老的国家，因此，无论是政府还是学术界，最初公共政策的重心都集中在对马斯洛理论中的最底层需求即老年人对经济和物质需求的满足上。但是随着我国经济实力的增强，老年人退休金提高，救助金额度提高，生活医疗条件改善，物质文化生活丰富，老年人的需求层次正在提高。因此，对老年人的关心也应该从物质层面提升至精神需求层面，情感支持越来越变得必不可少。

情感支持网络主要探讨老年人生活中遇到一些重要的问题或相对隐私的问题，需要倾诉商量时，可以获得情感支持的网络规模。以往在对失能老年人的照护服务中，往往更注重医疗护理、经济支持以及生活照料方面的内容，而忽略了老年人失能后害怕被人抛弃的内心恐惧感和安全感缺失等情感方面的内容。情感需求是老年人非常强烈的心理需求，属于马斯洛需求理论中的基本内容。老年人退休后，回归家庭，因此也更希望享受天伦之乐，与老伴相濡以沫。对于需要长期照护服务的失能半失能老年人来说，行动不便、病痛折磨等原因，使其生活圈子缩小，因此对情感的需求更加强烈。已有的文献也表明，老人与家庭成员是否和睦相处可以影响老年人的生活满意度。老年人的精神需求中的情感支持是否能够获得满足，也会直接影响老年人的生活质量。如时蓉华（1998：8）的研究表明，老年人与家庭成员和睦相处的程度，与老年人的生活满意度有直接的关系。尽管对老年痴呆这一病症，目前还没有找出确定的病因，但是有研究已经发现，孤独、无人交流、缺乏情感支持的老年人无疑更容易罹患此病。

于2013年7月1日生效的《中华人民共和国老年人权益保障法》将“常回家看看”写入法律中，要求“家庭成员应当关心老年人精神需求，不得忽视、冷落老年人。与老年人分开居住的家庭成员，应当经常看望或问候老年人。用人单位应当按照国家有关规定保障赡养人探亲休假的权利”。这也彰显出我国在立法上对老年人权利的维护，要求子女除了对老年人在经济上给予必要的支持、履行赡养义务外，更需要在情感支持中发挥重要作用，满足老年人的精神需求。

表5-3-2显示，情感支持网络规模的平均值为2.2人，标准差为1.294。情感支持网络规模为3人或3人以下的达到了86.7%，网络规模为2~3人的占到约57.7%，约为样本群体的一半。由此发现，对老年人特别是失能半失能老年人给予情感支持最大的是家庭，而非其他人员。分析还表明，老年人还会因问题的不同，而选择不同的倾诉对象。如发生家庭纠纷时，老年人就会向亲属朋友或社区倾诉而非向家庭成员倾诉。总体而言，老年人的情感支持网络规模数量不大。老年人倾诉的对象以家庭成员为主，其他人员次之。在农村老年情感支持网络规模的调查中，网络规模的最大值可以达到17人，平均规模为4人，情感支持网络规模为3人的最多（贺寨平，2004：67）。相比较而言，城市老年人的情感支持网络规模较小。

表5-3-2　老年人情感支持网络规模

网络规模	有效百分比	累计百分比	平均值	标准差
0	9.3%	9.3%		
1	19.7%	29.0%		
2	31.8%	60.8%		
3	25.9%	86.7%		
4	9.7%	96.4%		
5	2.6%	99.0%		
6人及以上	1.0%	100.0%		
合计	100.0%	100.0%	2.20	1.294
有效样本	735			

（三）短期护理支持网络规模分析

短期护理支持网络规模是指老年人在遇到住院或者卧床90天以内的情况时，能够寻求护理的社会支持者的人数。如表5-3-3所示，短期护理支持网络规模的平均值为2.05人，标准差为1.083。最低网络规模数量是0，5人及以上的网络规模数量所占的百分比为3.4%，即如果出现短期住院或者卧床的情况，没有人照护的老年人的比例达到 0.4%。此外，有两个人照护的比例较高，达到 36.7%。与这一支持网络调查结果比较相近的是，对山西农村老年人赡养支持网络的调查，在这一调查中，赡养支持网络规模的平均值为 2.49 人，网络规模最大为 9 人，其中 8.8% 的老年人赡养网络规模为 0。赡养网络的测度是通过提问“当您年老体弱，不能劳动或者工作，赚不到钱时，谁来养活您”来进行的。在本次调查短期护理支持网络规模时，更加注重老年人生病时所需要的人力资源和服务。但是在对这一问题进行调查时，由于是意想性假设，调查结果属于老年人主观推断的社会支持网络规模，相对而言，实际的网络规模应在此基础上有所缩小。

表 5-3-3　老年人短期护理支持网络规模

网络规模	有效百分比	累计百分比	平均值	标准差
0	0.4%	0.4%		
1	34.9%	35.3%		
2	36.7%	72.0%		
3	19.4%	91.4%		
4	5.2%	96.6%		
5 人及以上	3.4%	100.0%		
合计	100.0%		2.05	1.083
有效样本	736			

（四）长期护理支持网络规模分析

长期护理支持网络规模在本书中是指假设老年人在遇到卧床 90 天以上的情况，必须有人协助帮助照护时，能够寻求护理的社会支持者的人数。长期护理的网络规模均值为 1.87 人，标准差为 0.981。其中，表示当身体出现严重失能时，只有 1 人可以长期护理自己的比例为 43.9%，33.7%的老年人提及了两人，15.6%的老年人提及了 3 人，认为长期护理支持网络规模为 4 人的老年人比例为 5.2%，仅有 1.6% 的老年人表示可以长期护理自己的照护者有 5 人及以上。长期护理支持网络规模为 0 的老年人为 0，并非说明老年人长期护理支持网络最低为 1 人，而是由于“机构养老”这一选项占所有关系的比例大幅上升。机构养老改变了老年人现有的照护方式。样本群体内有超过五分之一的社区内老年人由于非正式社会支持不足或者社区内的正式社会支持不足，无法维系现有的养老照护方式，而选择机构照护。这表明，尽管老年人在失能时，希望能得到配偶、女儿、儿子、儿媳等亲属的支持，但现代家庭的发展趋势，使他们不得已做出上述选择。长期护理支持网络规模为 1~3 人的比例最高，合计为 93.2%。

表 5-3-4　老年人长期护理支持网络规模

网络规模	有效百分比	累计百分比	平均值	标准差
1	43.9%	43.9%		
2	33.7%	77.6%		
3	15.6%	93.2%		
4	5.2%	98.4%		
5 人及以上	1.6%	100.0%		
合计	100.0%		1.87	0.981
有效样本	729			

通过以上数据分析比较可以看出，家庭仍然是老年人社会支持的主体和基础。我国老年人的需求主要还是依托以家庭为核心的非正式社会支持网络，向外溢出。与老年人长期照护相关的社会支持子网络规模如表 5-3-5 所示，在各个子网中，经济支持网和长期护理支持网的规模最小。其中，有 22.1%的老年人经济支持网络规模为 0；在长期护理支持网中，机构养老的占比为 24%。这突显了老年人正式社会支持的作用。我国现行的养老保险、医疗保险制度为老年人提供了基本生活和医疗保障。在此基础上，机构照护成为老年人养老的重要选择，而减少了长期照护对家庭的压力。总体而言，我国与长期照护相关的社会支持子网络的规模比其他群体的网络规模小。

表 5-3-5　与老年人长期照护相关的社会支持子网络规模

	经济支持网	情感支持网	短期护理支持网	长期护理支持网
0	22.1%	9.3%	0.4%	0.0%
1	25.5%	19.7%	34.9%	43.9%
2	27.3%	31.8%	36.7%	33.7%
3	18.7%	25.9%	19.4%	15.6%
4	3.9%	9.7%	5.2%	5.2%
5 人及以上	2.5%	3.6%	3.4%	1.6%
平均规模	1.64	2.2	2.05	1.87

二、社会支持网络的关系构成

对社会支持网络关系构成的考察，主要集中在网络成员与调查对象之间的关系上。在以往的研究中，对关系类型所下的定义更多的是强调亲缘关系与非亲缘关系的区分（如贺寨平，2004），很少将正式社会支持体系考虑在内。对于正式和非正式社会支持体系的分类，相关学者往往会用有无报酬来进行衡量（如 Abel，1986；Tennstedt 等，1989）。但是在实际中，如果长期照护服务由政府或者社会组织来提供，未必是由被照顾者提供报酬，也未必一定是陌生人。因此，在衡量照顾主体是否来自正式体系还是非正式体系时，不应仅从报酬的角度出发，也应考虑照护供给主体是否来自正式组织这一因素。因此，如果照护的供给主体是来自政府、社会组织这样的正式组织，即使被照护者没有给予报酬，也应属于正式社会支持体系。保姆由于与照护者之间的关系并非亲缘或者朋友关系，而是一种纯粹的市场商业关系，因此在本书中被视作是正式照护者。

在四类与长期照护需求相关的社会支持网络的子网中，均在相应的表中列出了社会关系网络成员与被访者之间的具体关系。各表中：第一列是关于特定的关系构成在社会支持网络中所占的百分比，是特定关系在全部样本的社会关系网中的百分比；第二列是在一个典型的社会网中，某一特定的亲缘关系占总亲缘关系的百分比；第三列是典型社会支持网中某一非亲缘关系在全部非亲缘关系中的百分比。

（一）经济支持网络关系构成分析

老年人需要长期照护时，除了需要日常生活上的照护，一旦出现中度或者重度失能时，也需要市场中如保姆、专业护理人员、养老机构工作人员等正式社会支持主体的介入，往往在经济上产生巨大负担。调查结果显示，22%的老年人表示当经济困难需要借钱时，考虑到自己的偿还能力，回答“不需要借钱”或者“无人可借”。在认为可以获得经济支持的老年人中，亲缘关系在老年人经济支持网中占有重要地位，在所有关系中的占比为 91.0%。设计问卷时，为了进行统一设计，将“配偶”列为单独一项，并未以户为单位，因此在调查过程中，部分老人将配偶也作为经济上的求助人，占所有关系的比例为 6.6%。但若以户为单位，可忽略配偶这一选项。调查结果显示，子女仍然是老年人经济求助的第一对象，所占比例为 61.3%。其中儿子在老年人经济支持体系中，仍然是首要或非常重要的经济照护者，假设出现经济困难时，儿子在所有关系中的占比为 41.5%。相较于儿子，女儿的比例为 19.8%。儿媳的比例为 0.9%，如果以户为单位，仍然是儿子、儿媳在老年人心目中更能够作为第一求助者。由此说明“养儿防老”这一概念仍然根深蒂固。兄弟姐妹和亲属在老年人经济支持网中所占的比例也比较高，分别为 13.4%和 8.8%。在非正式社会支持体系中，非亲缘关系所占的比例为 9.0%，其中，朋友所占的比例为 6.2%，同事或者同学所占的比例为 0.5%，邻居所占的比例为 2.3%。而能够将正式社会支持者作为经济支持的老年人，在此次调查中为 0。这一方面说明，随着社会保障制度的健全，老年人日常经济支持比较稳定。另一方面也说明，我国虽然出台了相关的正式社会救助制度，但支持力度有限，受益人数较少，所以当老年人有经济困难时，家庭仍然是最重要的问题解决者，属于社会支持网络中的最内核部分，尤其是子女。

表 5-3-6　经济支持网的关系构成（N=573）

<table>
<tr><th colspan="3" rowspan="2">关系构成</th><th colspan="3">特定关系在典型支持网中</th></tr>
<tr><th>在所有的关系中（平均）</th><th>在亲缘关系中（平均）</th><th>在非亲缘关系中（平均）</th></tr>
<tr><td rowspan="7">亲缘关系</td><td rowspan="11">非正式社会支持体系</td><td>亲缘关系</td><td>91.0%</td><td>100.0%</td><td></td></tr>
<tr><td>配偶</td><td>6.6%</td><td>7.3%</td><td></td></tr>
<tr><td>儿子</td><td>41.5%</td><td>45.6%</td><td></td></tr>
<tr><td>女儿</td><td>19.8%</td><td>21.8%</td><td></td></tr>
<tr><td>兄弟姐妹</td><td>13.4%</td><td>14.6%</td><td></td></tr>
<tr><td>其他亲属</td><td>8.8%</td><td>9.7%</td><td></td></tr>
<tr><td>儿媳</td><td>0.9%</td><td>1.0%</td><td></td></tr>
<tr><td rowspan="8">非亲缘关系</td><td>非亲缘关系（非正式社会支持）</td><td>9.0%</td><td></td><td>100.0%</td></tr>
<tr><td>朋友</td><td>6.2%</td><td></td><td>68.8%</td></tr>
<tr><td>同事/同学</td><td>0.5%</td><td></td><td>5.6%</td></tr>
<tr><td>邻居</td><td>2.3%</td><td></td><td>25.6%</td></tr>
<tr><td rowspan="4">正式社会支持体系</td><td>正式社会支持体系</td><td>0.0%</td><td></td><td>0.0%</td></tr>
<tr><td>保姆或小时工</td><td>0.0%</td><td></td><td>0.0%</td></tr>
<tr><td>社区工作人员</td><td>0.0%</td><td></td><td>0.0%</td></tr>
<tr><td>社会组织或志愿者</td><td>0.0%</td><td></td><td>0.0%</td></tr>
</table>

（二）情感支持网络关系构成分析

心理学家罗伯特曾指出，人一生有六个阶段，其中老年期的主要任务是要适应体力与健康的衰退，适应退休生活和收入的减少，适应配偶的死亡，承担市民的社会义务，与年龄相近的人建立快活而密切的关系，降低对物质生活满足的要求。[①]我国老年人大半生处在计划经济时期和经济社会发展转型期，老年人处在社会主义市场经济体制下，无论是价值观还是生活方式，都发生了巨大改变，难免会产生迷惘、压抑、孤独、失落等情绪，因此，更需要情感支持来进行化解。

① 李芳．老年人精神需求及其社会支持网的构建［J］．学术交流，2012（08）：116-119.

表 5-3-7 显示，当老年人需要情感支持时，亲缘关系在该支持网中的占比相较于在经济支持网中所占的比例有明显下降，从 91.0%下降至 64.8%。配偶在所有关系中所占的比例为 22.8%，其次是女儿 16.0%、儿子 15.0%。子女合计为 31.0%，在所有关系中的占比较高。与经济支持网的网络构成不同，儿子在情感支持网中的占比小于或者近似于女儿，而在经济支持网中，儿子的占比是女儿占所有关系比例的一倍。这说明女儿作为女性在老年人情感支持中的作用较大；而儿子作为男性，当父母需要重要的经济支持时，在父母寻求帮助的支持主体中是最重要的。其中兄弟姐妹的占比为 5.5%，其他亲属的比例为 2.9%，儿媳在所有关系中的占比为 2.6%。而女婿作为情感支持者之一，没有被老人提到，说明相对于男性，非血缘关系的女性在情感方面对老年人的支持作用更大。

表 5-3-7 情感支持网的关系构成（N =666）

<table>
<tr><th colspan="3" rowspan="2">关系构成</th><th colspan="3">特定关系在典型支持网中</th></tr>
<tr><th>在所有的关系中（平均）</th><th>在亲缘关系中（平均）</th><th>在非亲缘关系中（平均）</th></tr>
<tr><td rowspan="7">亲缘关系</td><td rowspan="12">非正式社会支持体系</td><td>亲缘关系</td><td>64.8%</td><td>100.0%</td><td></td></tr>
<tr><td>配偶</td><td>22.8%</td><td>35.2%</td><td></td></tr>
<tr><td>儿子</td><td>15.0%</td><td>23.1%</td><td></td></tr>
<tr><td>女儿</td><td>16.0%</td><td>24.7%</td><td></td></tr>
<tr><td>兄弟姐妹</td><td>5.5%</td><td>8.5%</td><td></td></tr>
<tr><td>其他亲属</td><td>2.9%</td><td>4.5%</td><td></td></tr>
<tr><td>儿媳</td><td>2.6%</td><td>4.0%</td><td></td></tr>
<tr><td rowspan="10">非亲缘关系</td><td>非亲缘关系
（非正式社会支持）</td><td>35.0%</td><td></td><td>100.0%</td></tr>
<tr><td>朋友</td><td>16.1%</td><td></td><td>46.0%</td></tr>
<tr><td>同事/同学</td><td>3.4%</td><td></td><td>9.7%</td></tr>
<tr><td>邻居</td><td>14.9%</td><td></td><td>42.6%</td></tr>
<tr><td>其他</td><td>0.6%</td><td></td><td>1.7%</td></tr>
<tr><td rowspan="4">正式社会支持体系</td><td>正式社会支持体系</td><td>0.2%</td><td></td><td>100%</td></tr>
<tr><td>保姆或小时工</td><td>0.1%</td><td></td><td>50.0%</td></tr>
<tr><td>社区工作人员</td><td>0.1%</td><td></td><td>50.0%</td></tr>
<tr><td>社会组织或志愿者</td><td>0.0%</td><td></td><td>0.0%</td></tr>
</table>

在非正式社会支持主体中，非亲缘关系在所有关系中的占比为35.0%。其中朋友的比例为16.1%，地缘关系较近的邻居相较于其在经济支持网中的地位，有大幅上升，从之前的2.3%上升至14.9%，占比与儿子、女儿的占比近似，说明在情感支持中，地缘关系与血缘关系的地位相近。

正式社会支持体系在老年人情感支持中所占比例较小，保姆或者小时工的比例为0.1%，社区工作人员的比例为0.1%，合计为0.2%。虽然在许多城市，包括案例城市的社区内，均设有一些针对老年人的精神慰藉中心，但是收效甚微，在老年人有事情需要商量、倾诉时，亲缘关系和地缘关系仍然是老年人非正式社会支持体系中非常重要的支持关系。正式社会支持体系对于老年人的情感支持影响较小。

总体而言，从情感支持的网络规模和网络关系构成上看，虽然很多城市在社区内已经非常重视老年人精神慰藉，但是总体而言，正式社会支持体系的介入尚未以有效的方式参与，对老年人的情感支持帮助非常有限。

（三）短期护理支持网络关系构成分析

随着老年人身体机能下降，相对于其他年龄群体患病概率增高。无论是门诊还是住院，在患病期间往往需要有人陪伴照顾。尤其当老年人身体处于失能半失能状况时，若出现急性病，需要到医院看病，或者需要住院90天以下的短期护理时，社会支持网络的构建更加必不可少。

如表5-3-8所示，相对于经济支持网和情感支持网，短期护理支持网的网络关系构成有很大差异。亲缘关系在所有关系中的占比上升至88.9%，其中配偶的作用最为重要，在所有关系中，占比为34.5%，儿子和女儿的占比分别为23.5%和18.9%。兄弟姐妹和其他亲属的占比相较于在经济支持网和情感支持网中的占比有所下降，分别为2.2%和2.1%。儿媳在短期护理支持网中所有关系的占比有明显上升，比例为7.7%。若以户为单位，儿子和儿媳往往被归为一户，所以老年人一般只提及儿子，儿媳在经济支持网中的占比较低。但是在短期护理支持网中，儿媳作为单独被提及的非正式社会支持主体，所占的比例非常高，表明儿媳在短期护理中发挥着较大作用。

表 5-3-8　短期护理支持网的关系构成（N=733）

关系构成			特定关系在典型支持网中		
			在所有的关系中（平均）	在亲缘关系中（平均）	在非亲缘关系中（平均）
亲缘关系	非正式社会支持体系	**亲缘关系**	88.9%	100.0%	
		配偶	34.5%	38.8%	
		儿子	23.5%	26.4%	
		女儿	18.9%	21.3%	
		兄弟姐妹	2.2%	2.5%	
		其他亲属	2.1%	2.4%	
		儿媳	7.7%	8.6%	
非亲缘关系		**非亲缘关系**（非正式社会支持）	4.6%		100.0%
		朋友	0.9%		19.6%
		同事/同学	0.0%		0.0%
		邻居	1.8%		39.1%
		其他	1.9%		41.3%
	正式社会支持体系	**正式社会支持体系**	6.5%		100.0%
		保姆或小时工	5.9%		90.8%
		社区工作人员	0.1%		1.5%
		社会组织或志愿者	0.5%		7.7%

在非正式社会支持体系中，非亲缘关系在所有关系中的占比为 4.6%。其中，朋友的比例为 0.9%，邻居的比例为 1.8%，其他人的比例为 1.9%。整体比例相较于其在经济支持网和情感支持网中都有所下降。正式社会支持体系在所有关系中的占比为 6.5%，其中保姆或者小时工的占比为 5.9%，社区工作人员的占比为 0.1%。值得注意的是，在正式社会支持体系中，有偿劳动的保姆的作用越来越大。

总体而言，在短期护理支持网中，女性支持者，尤其是儿媳的比例相对于在经济支持、情感支持中的比例有了明显提升，有偿劳动的保姆的作用明显，而政府的作用较为有限。这说明老年人在短期护理支持网络中更多还是通过非正式社会支持体系或者市场来寻求帮助。

（四）长期护理支持网络关系构成分析

老年人的身体出现失能半失能状况时，长期护理支持网是其必要的支持网类型。老年人生活无法自理、行动不便时，即使在家中，诸如做家务、做饭等生活照料都无法进行时，凸显长期护理支持网的重要性。

如表 5-3-9 所示，亲缘关系在所有关系中的比例为 67.0%，在四类社会支持子网中比例相对较低，主要原因是机构照护的占比上升至 24%，即一旦需要 90 天以上的长期护理，无论是社区内的正式社会支持还是非正式社会支持都不足以使其实现居家照护或者就近养老，需要去机构寻求帮助的比例大幅提升。这也说明

表 5-3-9　长期护理支持网的关系构成（N =726）

<table>
<tr><th colspan="3" rowspan="2">关系构成</th><th colspan="3">特定关系在典型支持网中</th></tr>
<tr><th>在所有的关系中（平均）</th><th>在亲缘关系中（平均）</th><th>在非亲缘关系中（平均）</th></tr>
<tr><td rowspan="7">亲缘关系</td><td rowspan="12">非正式社会支持体系</td><td>亲缘关系</td><td>67.0%</td><td>100.0%</td><td></td></tr>
<tr><td>配偶</td><td>21.8%</td><td>32.5%</td><td></td></tr>
<tr><td>儿子</td><td>19.2%</td><td>28.7%</td><td></td></tr>
<tr><td>女儿</td><td>15.2%</td><td>22.7%</td><td></td></tr>
<tr><td>兄弟姐妹</td><td>1.2%</td><td>1.8%</td><td></td></tr>
<tr><td>其他亲属</td><td>1.7%</td><td>2.5%</td><td></td></tr>
<tr><td>儿媳</td><td>7.9%</td><td>11.8%</td><td></td></tr>
<tr><td rowspan="11">非亲缘关系</td><td>非亲缘关系（非正式社会支持）</td><td>2.6%</td><td></td><td>100.0%</td></tr>
<tr><td>朋友</td><td>0.3%</td><td></td><td>11.5%</td></tr>
<tr><td>同事/同学</td><td>0.0%</td><td></td><td>0%</td></tr>
<tr><td>邻居</td><td>1.1%</td><td></td><td>42.3%</td></tr>
<tr><td>其他</td><td>1.2%</td><td></td><td>46.2%</td></tr>
<tr><td rowspan="6">正式社会支持体系</td><td>正式社会支持体系</td><td>30.4%</td><td></td><td>100.0%</td></tr>
<tr><td>机构</td><td>24.0%</td><td></td><td>79.0%</td></tr>
<tr><td>保姆或小时工</td><td>5.4%</td><td></td><td>17.8%</td></tr>
<tr><td>社区工作人员</td><td>1.0%</td><td></td><td>3.2%</td></tr>
<tr><td>社会组织或志愿者</td><td>0.0%</td><td></td><td>0.0%</td></tr>
</table>

老年人发生长期照护风险时，急需正式社会支持体系介入。在亲缘关系中，配偶在所有关系中的比例为21.8%，是老年人长期护理支持网中最重要和最期望的社会支持主体。儿子在所有关系中的比例为19.2%，女儿所占的比例为15.2%，儿媳所占的比例为7.9%，均是长期护理支持网中重要的社会支持主体。非亲缘关系占所有关系中的比例为2.6%，其中朋友所占的比例为0.3%，邻居所占的比例为1.1%，其他亲属所占的比例为1.2%。

正式社会支持体系在长期护理支持网中的占比是四类社会支持子网中的占比最高的，重要程度明显上升，占所有关系的30.4%。其中选择养老机构的占比为24.0%，保姆或者小时工的比例为5.4%，社区工作人员的比例为1.0%，是其在四类社会支持子网中所占比例最高的。熊波（2011）曾经根据CLHLS的数据进行研究，指出轻度和中度失能的老年人，非正式社会支持的比例分别是89.1%和80.2%，而随着重度失能老年人失能程度的恶化，需要照料的时间较长，正式社会支持的作用会加强。实践证明，在失能程度加剧时，非正式社会支持的作用将会有所减弱。本次调查结果也说明，在老年人需要较长时间护理时，对正式社会支持主体的需求和依赖明显上升。可以预见，我国大量独生子女家庭的存在，必将弱化家庭对老年人长期护理的支持力度，使失能半失能老年人转而入住长期照护机构的愿望增强，从而加大了机构照护的供求矛盾，应及早做好准备。

总体而言，如5-3-10所示，亲缘关系在经济支持网中的占比最高，为91.0%。在情感支持网中，亲缘关系在所有关系中所占的比例最低，为64.8%。配偶在四类社会支持子网之短期护理支持网中的占比最高，为34.5%。儿子在四类社会支持子网之经济支持网中的占比最高，比例为41.5%，发挥了自古以来的赡养功能，符合我国“养儿防老”的传统。女儿在四类社会支持子网之经济支持网和短期护理支持网中的占比最高，分别为19.8%和18.9%。儿媳在短期护理支持网和长期护理支持网中的占比分别为7.7%和7.9%。非亲缘关系在四类社会支持子网之情感支持网中的占比最高，为35.0%，远高于其在其他三类子网中的比例。其中朋友和邻居在情感支持网中的比例相对较高，分别为16.1%和14.9%。正式社会支持体系在四类社会支持子网之长期护理支持网中的占比最高，为30.4%。其中机构照护在长期护理支持网中的占比为24%，保姆的占比在短期护理支持网和长期护理支持网中分别为5.9%和5.4%，在4类社会支持子网中，社区工作人员在长期护理支持网中占比最高，也仅为1.0%。这说明在正式社会支持体系中，居家照护的支持体系尚未完善，老年人对正式社会支持体系期望值更高的选择是机构照护模式和照护服务市场。

表 5-3-10　与老年人长期照护需求相关的社会支持子网关系构成

	经济支持网	情感支持网	短期护理支持网	长期护理支持网
	典型支持网的关系构成（平均）	典型支持网的关系构成（平均）	典型支持网的关系构成（平均）	典型支持网的关系构成（平均）
亲缘关系	91.0%	64.8%	88.9%	67.0%
配偶	6.6%	22.8%	34.5%	21.8%
儿子	41.5%	15.0%	23.5%	19.2%
女儿	19.8%	16.0%	18.9%	15.2%
兄弟姐妹	13.4%	5.5%	2.2%	1.2%
其他亲属	8.8%	2.9%	2.1%	1.7%
儿媳	0.9%	2.6%	7.7%	7.9%
非亲缘关系	9.0%	35.0%	4.6%	2.6%
朋友	6.2%	16.1%	0.9%	0.3%
同事/同学	0.5%	3.4%	0.0%	0.0%
邻居	2.3%	14.9%	1.8%	1.1%
其他	0.0%	0.6%	1.9%	1.2%
正式社会支持体系	0.0%	0.2%	6.5%	30.4%
机构	0.0%	0.0%	0.0%	24.0%
保姆/小时工	0.0%	0.1%	5.9%	5.4%
社区工作人员	0.0%	0.1%	0.1%	1.0%
社会组织或志愿者	0.0%	0.0%	0.5%	0.0%

三、关系强度与关系类型的交互分类表①

（一）经济支持网

表 5-3-11 是一张关于被调查的老年人的经济支持网中网络成员关系强度与关系类型的交互分类表，显示的是被调查的老年人的社会支持网的关系强度。

① 由于正式社会支持主体被提及的比例较小，因此本部分仅显示非正式社会支持网的关系强度。

在亲缘关系、非亲缘关系中存在亲密程度的不同。亲缘关系非常密切和比较密切的比例达到96.2%，一般和不密切的比例为3.8%。非亲缘关系非常密切和比较密切的比例为98.8%，一般和不密切的比例为1.2%。二者差别较小。但是亲缘关系非常密切和比较密切的比例为75.5%；而非亲缘关系非常密切的比例为61.5%，相对较低。

在亲缘关系中，老年人与子女的关系非常密切和比较密切的比例最高，分别为99.7%和98.4%。而认为与配偶关系非常密切和比较密切的比例为87.9%，低于子女的比例。在非亲缘关系中，认为与朋友、同事和同学有着非常密切关系的比例相对较高，分别为75.0%和73.2%。相对而言，在邻居中保持非常密切关系的比例较低，比例为36.4%；保持比较密切关系的比例较高，为63.6%。

表 5-3-11 经济支持网关系强度和关系类型的交互分类表

关系类型 \ 关系强度		非常密切	比较密切	一般	不密切	合计
非正式社会支持体系	**亲缘关系**	75.5%	20.7%	1.6%	2.2%	100.0%
	配偶	84.5%	3.4%	1.7%	10.4%	100.0%
	儿子	85.3%	14.4%	0.3%	0.0%	100.0%
	女儿	82.8%	15.6%	1.2%	0.4%	100.0%
	兄弟姐妹	72.7%	24.4%	1.2%	1.7%	100.0%
	其他亲属	47.4%	46.4%	5.2%	1.0%	100.0%
	儿媳	80.0%	20.0%	0.0%	0.0%	100.0%
	非亲缘关系	61.5%	37.3%	0.4%	0.8%	100.0%
	同事/同学	75.0%	25.0%	0.0%	0.0%	100.0%
	朋友	73.2%	23.2%	1.2%	2.4%	100.0%
	邻居	36.4%	63.6%	0.0%	0.0%	100.0%

（二）情感支持网

表5-3-12是一张关于被调查老年人的情感支持网中网络成员的关系强度与关系类型交互分类表，显示的是被调查的老年人的情感支持网的关系强度。在亲缘关系、非亲缘关系中存在密切程度的不同。亲缘关系非常密切和比较密切的比例达到98.4%，一般和不密切的比例为1.6%。非亲缘关系非常密切和比较密切的比例相对较低，为85.3%；一般和不密切的比例为14.7%。这与亲缘关系中的密切程度差别较大。但是认为亲缘关系非常密切的比例为76.4%；而认为非亲缘关系非常密切

的比例为 43. 3%，相对较低。

在亲缘关系中，认为与配偶和子女有着非常密切关系的比例最高，均为 90%以上。认为与儿媳关系非常密切的比例较高，为 80. 9%。相对而言，在情感支持网中，虽然兄弟姐妹和其他亲属非常密切的比例相对较低，分别为 57. 3%和 45. 5%，低于亲缘关系中的其他类型，但是兄弟姐妹与其他亲属比较密切的比例较高，分别为 40. 4%和 50. 0%，二者中非常密切和比较密切的关系合计比例较高，分别为 97. 7%和 95. 5%。

相对于亲缘关系，在非亲缘关系中，与朋友、同事和同学等有非常密切关系的比例较低，从 24. 8%到 60. 0%。但在各类非亲缘关系中，关系比较密切的占比较高，从 42. 0%到 64. 7%。

表 5-3-12　情感支持网关系强度和关系类型的交互分类表

关系类型 \ 关系强度		非常密切	比较密切	一般	不密切	合计
非正式社会支持体系	**亲缘关系**	76. 4%	22. 0%	1. 1%	0. 5%	100. 0%
	配偶	93. 2%	6. 1%	0. 3%	0. 4%	100. 0%
	儿子	90. 6%	9. 0%	0. 4%	0. 0%	100. 0%
	女儿	90. 9%	7. 6%	0. 4%	1. 1%	100. 0%
	兄弟姐妹	57. 3%	40. 4%	1. 2%	1. 1%	100. 0%
	其他亲属	45. 5%	50. 0%	4. 5%	0. 0%	100. 0%
	儿媳	80. 9%	19. 1%	0. 0%	0. 0%	100. 0%
	非亲缘关系	43. 3%	42. 0%	14. 7%	0. 0%	100. 0%
	朋友	50. 9%	43. 4%	5. 7%	0. 0%	100. 0%
	同事/同学	37. 3%	59. 7%	3. 0%	0. 0%	100. 0%
	邻居	24. 8%	64. 7%	10. 5%	0. 0%	100. 0%
	其他	60. 0%	0. 0%	40. 0%	0. 0%	100. 0%

（三）短期护理支持网

表 5-3-13 是一张有关被调查的老年人的短期护理支持网网络成员的关系强度与关系类型的交互分类表，显示的是被调查的老年人的短期护理支持网关系强度。亲缘关系非常密切的比例为 82. 8%，比较密切的比例为 13. 8%。非亲缘关系非常密切的比例为 60. 5%，比较密切的比例为 34. 0%。

亲缘关系之配偶关系非常密切的比例最高，为 97. 3%；其次是兄弟姐妹关系非常密切的比例为92.2%。在儿子与女儿关系类型中，非常密切的比例分别为87.3%和85.6%。在儿媳关系类型中，认为非常密切的比例为74.1%。

在非亲缘关系中，认为朋友关系非常密切的比例为68.8%，认为邻居关系非常密切的比例为41.3%。

分析表明，当老年人因病需要短期护理时，家庭中配偶、子女、儿媳是老年人首选的支持者、护理者。

表5-3-13　短期护理支持网关系强度和关系类型的交互分类表

关系类型＼关系强度		非常密切	比较密切	一般	不密切	合计
非正式社会支持体系	**亲缘关系**	82.8%	13.8%	3.0%	0.4%	100.0%
	配偶	97.3%	2.1%	0.6%	0.0%	100.0%
	儿子	87.3%	12.1%	0.3%	0.3%	100.0%
	女儿	85.6%	14.1%	0.3%	0.0%	100.0%
	兄弟姐妹	92.2%	7.8%	0.0%	0.0%	100.0%
	其他亲属	60.5%	28.9%	10.6%	0.0%	100.0%
	儿媳	74.1%	18.0%	6.5%	1.4%	100.0%
	非亲缘关系	60.5%	34.0%	5.5%	0.0%	100.0%
	朋友	68.8%	31.2%	0.0%	0.0%	100.0%
	同事/同学	0.0%	0.0%	0.0%	0.0%	0.0%
	邻居	41.3%	56.5%	2.2%	0.0%	100.0%
	其他	71.4%	14.3%	14.3%	0.0%	100.0%

（四）长期护理支持网

表5-3-14是一张有关被调查的老年人的长期护理支持网中网络成员的关系强度与关系类型的交互分类表，显示的是被调查的老年人的长期护理支持网的关系强度。亲缘关系非常密切的比例较高，为86.9%，比较密切的比例为9.3%。而非亲缘关系非常密切的比例较低，仅为45.6%，比较密切的比例为40.0%。

在亲缘关系中，认为与配偶、子女和兄弟姐妹有非常密切关系的比例非常高，均在88.0%以上。相对而言，认为与儿媳关系非常密切的比例较低，不到80.0%。在非亲缘关系中，认为与朋友关系非常密切的比例为75.0%，与邻居关系非常密切的比例相对较低，仅为28.6%，关系强度相较亲缘关系低。

表 5-3-14 长期护理支持网关系强度和关系类型的交互分类表

关系类型 \ 关系强度		非常密切	比较密切	一般	不密切	合计
非正式社会支持体系	**亲缘关系**	86.9%	9.3%	3.8%	0.0%	100.0%
	配偶	97.3%	2.4%	0.3%	0.0%	100.0%
	儿子	89.3%	9.7%	1.0%	0.0%	100.0%
	女儿	88.6%	11.0%	0.4%	0.0%	100.0%
	兄弟姐妹	92.0%	4.0%	4.0%	0.0%	100.0%
	其他亲属	75.0%	10.0%	15.0%	0.0%	100.0%
	儿媳	79.1%	18.7%	2.2%	0.0%	100.0%
	非亲缘关系	45.6%	40.0%	14.4%	0.0%	100.0%
	朋友	75.0%	25.0%	0.0%	0.0%	100.0%
	邻居	28.6%	61.9%	9.5%	0.0%	100.0%
	其他	33.3%	33.3%	33.4%	0.0%	100.0%

四、社会支持网络的地缘关系特点

Abernathy（1973）发现，在社会支持网络中，网络成员之间的地理距离与社会关系强度有很强的相关性，面对面交流所产生的义务感和影响力更能形成较强的社会关系强度。在与老年人的长期照护相关的社会支持网络中，老年人身体行动不便、半失能时，其行动空间非常有限，而失能时则失去了行为能力与活动空间。如果经常交往的人或者探望的子女工作非常繁忙，加之交通拥堵等原因，空间距离往往对老年人与社会接触所耗费的时间成本，对交往的互动频率、交往关系都有着非常重要的影响。本书将地缘关系分为四类：第一类为“同一小区或1000米以内”；第二类为“较近或半小时的距离”；第三类为“两小时车程距离”；第四类为“不在同一城市”。表5-3-15显示，在与长期照护相关的社会支持网络中，地缘关系特点有显著不同。在4个子网之经济支持网中，与网络的中心点即被调查老年人的距离在“同一小区或者1000米以内”的比例，相较于在其他3个子网中的比例低，仅为34.4%。4个子网中，短期护理支持网和长期护理支持网中，“同一小区或1000米以内”的比例相对较高，分别为61.7%和61.9%；情感支持网中“同一小区或1000米以内”的比例为56.9%。这说明，在现代通信设备比较发达的时代，电话、QQ、微信等联系方式发达，使得老年人在遇到难题想找人倾诉时，不必一定面对面交往。这也是情感支持网距离最近的选项占比并非较高的重要原因。子女等亲缘关系即使与老年人的距离相对较远，也可以保持非常密切的关系。

在4个子网中，“较近或者半小时的距离”的占比近似，所占比例最高的是在经济支持网中，比例为27.9%，所占比例最低的是在短期护理支持网中，为20.5%。4个子网中，“两小时车程距离”的占比在经济支持网中最高，为22.1%，在短期护理支持网和长期护理支持网中的比例最低，分别为11.8%和9.8%。“不在同一城市”的占比，在经济支持网中是4个子网中最高的，为15.6%，其他3个子网的相应比例均相对较低。

这一分析结果表明，在老年人急需一大笔钱时，经济支持网中关系的密切度最为重要，而地缘关系的影响在4个子网中相对较小。但是当老年人需要日常照护时，地缘关系的影响因素最为重要。因为距离近，当老年人需要帮助支持时，距离与提供帮助的及时性、方便性成正相关。距离越近，网络关系的可达性越大。因而，这种地缘关系提供日常帮助支持的可能性也越大。这也是老年人希望社区能够提供服务支持或希望入住社区照护机构的重要原因。在发展长期照护体系过程中，对老年人情感支持和长期护理等支持，地缘关系无疑都是需要考虑的重要原因。

表5-3-15　老年人与其网络成员的空间接近度

与家庭住址的距离	经济支持网	情感支持网	短期护理支持网	长期护理支持网
同一小区或1000米以内	34.4%	56.9%	61.7%	61.9%
较近或半小时的距离	27.9%	22.6%	20.5%	22.7%
两小时车程距离	22.1%	13.4%	11.8%	9.8%
不在同一城市	15.6%	7.1%	6.0%	5.6%
合计	100.0%	100.0%	100.0%	100.0%

通过对老年人长期照护社会支持网的量化分析，进一步证明了家庭在老年人长期照护体系中的基础地位和主导作用。从老年人社会支持网络规模构成上看，大多数老年人的社会支持网络规模和结构会随着社会活动的减少、社会角色的改变、资源支配权、话语权的降低而发生变化，从中得到支持帮助的能力也不断下降，客观上将导致老年人出现长期照护需求时生活可能陷入困境。这使得老年人社会支持网络中以血缘、亲缘关系为纽带的、以家庭为核心的非正式社会支持网络中各主体的地位作用上升，也使得老年人对家庭的依赖性逐渐增加。从网络的构成上看，配偶的作用极为突出，而经济上的支持则凸显儿子、儿媳的作用。在情感上的支持、短期护理支持方面，女性发挥着独特作用。特别是当老年人患病时，失能半失能老年人需要短期护理时，家庭亲缘关系的占比达88.9%，而正式

社会支持的占比不足10%。其中，理想照护者为配偶、女儿、儿子、儿媳，渴望得到他们在经济上、情感上、护理上的支持。值得注意的是，当老年人需要长期护理时，提及家庭、亲缘关系的占比为67.0%，下降了21.9%，正式社会支持主体的上升至30.4%，上升了近24%。其重要原因是老年人清楚地知道“现代家庭的规模与构成难以在老年人失能半失能时提供令老年人满意的支持帮助”，迫使老年人不得已选择照护机构。这证明了长期照护机构在失能半失能老年人中的重要地位与作用。但是从老年人情感支持网的构成和对照护机构的选择将地点作为重要参考条件来看，前者暴露出照护机构、社区、社会组织等正式社会支持主体在老年人情感支持中难以替代家庭，而且支持不足的短板；后者希望离家庭越近越好的偏好，折射出老年人对家庭亲属难以割舍的眷恋情结。

这启示我们，以家庭这一非正式社会支持网络主体为基础构建老年人长期照护体系意义重大。在老年人自理能力不断下降、进入失能半失能的过程中，国家、照护机构、社区、社会组织等正式社会支持主体给予老年人支持帮助的力度会逐步增大，凸显出正式社会支持的重要性。因此，如何在全社会营造尊老助老的社会氛围；如何在经济上给老年人以提高生活质量、改善生存环境的支持；如何发展与失能半失能老年人相匹配的照护机构；如何使居家照护成为老年人长期照护的基础性主导模式；社区如何更好地提供老年人长期照护服务，使老年人更多地在社区养老，进而形成正式社会支持网络与非正式社会支持网络的最佳组合，是需要认真思考解决的问题。

第六章　机构照护与老年人社会支持网络

如何在欠发达城市中提高老年人长期照护的社会支持力度，满足老年人长期照护需求，是未富先老国情下需要探讨的重要议题。本章通过个案分析，探讨案例城市政府的各种政策导向对老年人长期照护正式支持体系中机构照护的影响以及对老年人选择照护模式的影响。首先，从纵向角度对不同类型照护机构的发展进行分析，探讨不同时期的政府政策以及制度环境对照护机构的影响；其次，从横向的角度进行比较，分析不同类型照护机构发展的优势及其劣势，并探讨政府激励性政策对公办以及民办照护机构的影响。本章还将探讨选择机构照护模式的老年人社会支持网络的特点，探讨正式长期照护供给模式对老年人社会支持网络的影响。

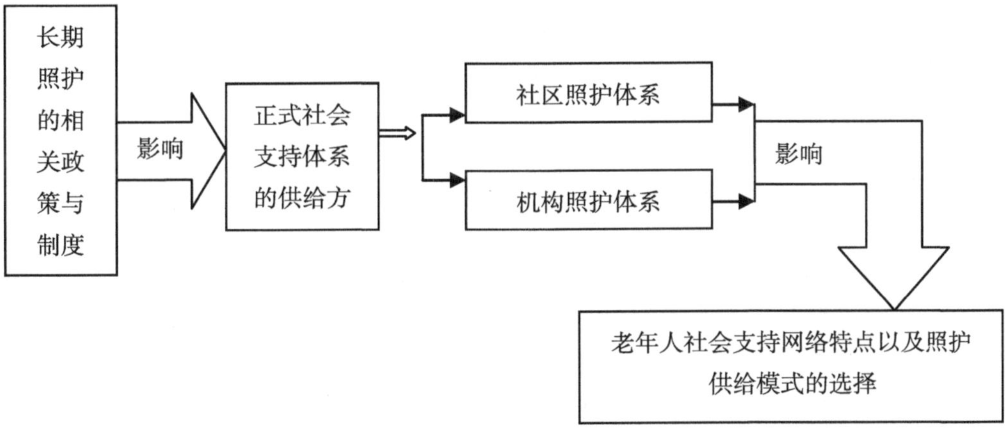

图 6-1　本章研究思路图

第一节　正式社会支持——机构照护

我国自进入人口老龄化社会后，注重出台各类优惠政策，积极引入社会资金，推动老年照护机构的发展。截至2010年，我国相继制定出台了《老年人社会福利机构基本规范》《养老设施建筑设计标准》《老年人建筑设计规范》等行业标准。自2011年开始，进一步加强了对机构养老的规范性建设，陆续出台了与养老机构相关的各类规范性政策。2012年民政部出台了《关于鼓励和引导民间资本进入养老服务领域的实施意见》，并针对养老机构开办过程中出现的一些实际问题，相继出台了《养老机构设立许可办法》（2013）、《关于推进养老机构责任保险工作的指导意见》（2014）以及《养老服务设施用地指导意见》，从机构的设立、建设、风险等方面都给予了相应的政策规范，体现了我国政府大力引入社会力量开办养老机构并逐步规范的政策理念。尤其是2013年《养老机构设立许可办法》的出台，改变了我国过去养老机构的建立只能遵循《民办非企业单位登记管理暂行条例》（国务院令第251号）以及《社会福利机构管理暂行办法》的缺陷。这一措施降低了养老机构的准入门槛（10张床位即可创办养老机构），无疑为个人创办养老机构提供了机遇，并且有利于发挥机构养老的专业化优势，同时也有利于发挥社区养老的地缘优势，将正式社会支持体系与非正式社会支持体系联结起来。准入门槛的降低也为养老服务市场增加了活力。我国养老机构的政策导向特点是照护机构规模的准入门槛降低，但是照护机构的服务质量标准并未降低，对于养老机构服务质量的规范越来越严格细化。

机构照护作为重要的长期照护供给模式，政府的各项政策无疑至关重要。政府与市场在机构养老服务中的关系以及政府如何购买养老服务，都将对社会资金进入养老服务市场、养老企业的经营管理、老年人养老模式的选择和社会支持网络的发展变化产生极其重要的影响。

一、政府在照护机构中的作用

养老服务在消费上与国防等纯公共产品不同，具有一定的竞争性和排他性，因此不属于纯公共产品。养老服务所提供的利益或者效用不仅仅为获得服务的老年人所享有，其亲属和家人也会享受到一部分，属于具有外部效益的准公共产品。人口老龄化使养老具有社会风险，养老权是人权中重要的组成部分，安度晚年是每一个老年人的权利。人口老龄化时代的到来，使得老年人口基数巨大，老年人的子女作为劳动力尚有正式的工作，尤其对于需要长期照护服务的失能半失能老年人来说，如果养老服务完善，作为劳动力的子女群体也会由于其父母获得养老服务而安心工作。无论是对劳动力的保护还是维护社会的稳定，政府都应在其中有所作为。在未富先老、老年人购买力不高的国情下，如果完全将养老服务交给市场解决，老年人将难以实现应有的安度晚年的权利。

养老服务所具有的准公共产品性质，决定了政府供给养老服务的必要性，但是也存在“政府失灵”的问题。根据公共选择理论，在政府中工作的人也是“经济人”，也具有有限理性，缺乏成本控制意识，这会导致政府失灵。政府失灵导致资源无法获得有效配置，会造成盲目建设、重复投资，浪费养老服务资源。机构养老相对于居家养老，具有占地面积大、投资大、规模化、专业化的特点，但相对于其他产业，养老业又属于微利行业。目前，我国养老床位存在较大的缺口，加之我国属于未富先老的国家，老年人收入较低，虽然需求旺盛，但受购买力的制约，往往是无效需求，并不能有效促进供给。因此，需要政府和市场共同协作，妥善协调其职责和功能。政府购买服务的方式能够以资金或者实物为杠杆，激励企业和社会组织提供养老服务（张遒英等，2012），吸引社会资金进入养老领域。也就是说，“政府在社会福利的预算中拿出经费，向各类提供社会公共服务的社会服务机构直接拨款资助服务或公开招标购买社会服务”①，政府通过补给供方即民办的服务供给者，以期达到补给需方即服务接受者的目的，缓解政府失灵和市场失灵所带来的市场资源配置失效问题。

我国目前对供给方养老机构的补助方式，主要集中在以下六个方面。

（一）财政补贴

财政补贴主要是指各地的民政部门在养老机构的创办和运营过程中给予一定的财政资金补助，以补充养老机构经费不足的一项优惠政策。补助形式可以分为两类：开办补助和运营补助。在开办补助和运营补助中，各地的补助划分标准又呈现出多样化。在开办补助中，具体的划分标准主要有：一是按照养老机构的建设性质划分不同的标准。如北京市对非营利性养老服务机构中属于新建、扩建、购买设施建设的养护型机构建设项目每张床资助 16 000 元，利用自有设施改建养护型机构的建设项目每张床资助 10 000 元②；长沙市对新建的和利用原有设施改建的社会办非营利性养老福利机构一次性分别给予最高 4000 元/床和 2000 元/床的建设资助③。二是根据民办养老机构的级别划分不同的补助标准，补助标准及分担比例由市、县两级政府确定。在运营补助中，主要是根据经营中的民办养老机构的实际收住人数定期给予相应的床位补贴。由于我国各地的经济发展水平差距大，相应地在民办养老机构财政资金补贴标准上也显现出一定的差异。经济发达、消费水平较高的地区对民办养老机构的补贴标准已远远高于经济欠发达地区。如上海对每张新增养老床位的补贴在 1 万元以上，一些财力较强的区县另有增加，补贴最多的浦东新区已对

---

① 罗观翠，王军芳．政府购买的香港经验和内地发展探讨［J］．学习与实践，2008（09）：125-130.

② 《关于在社会力量兴办养老服务机构中征集接受建设资金支持试点单位的通告》（京民福发〔2011〕506 号）［EB/OL］．北京市人民网，2011-12-05［2013-11-12］．http：//www. beijing. gov. cn/zfxxgk/110002/gzdt53/2011-12/07/content_ 285906. shtml

③ 《关于扶持养老福利机构发展的实施意见》（长政发〔2012〕4 号）［EB/OL］．长沙市人民政府网，2012-02-07［2013-11-14］．http：//www. changsha. gov. cn/xxgk/gfxwj/srmzf/201202/t20120220_ 309618. html

每张床位补助 2.9 万元①。而经济相对落后的贵州省贵阳市对民办养老机构每张床位的建设补助仅有 3000 元②。民办养老机构初期回报率较低、投资回收周期长（林红，2006），使其投资者在后期发展过程中，面临较大的挑战。经济发展落后地区对民办养老机构财政补助标准过低导致其自给能力不足，服务标准低，多数处于亏损状态，抑制了民办养老机构的发展。

（二）建设用地优惠政策

长期以来，土地问题一直被认为是民办养老机构发展的最大瓶颈。在很多地方，公办养老机构由国家划拨土地，然而民办养老机构获取土地的方式主要以竞价和租赁为主，无法享受政府划拨土地的待遇。因此，企业难以承受高昂的土地成本，很少有民办养老机构有能力从市场上竞价取得土地。为此，近年来，各地在建设用地方面为民办养老机构提供了优惠政策以减少民间资本进入养老行业的成本。越来越多的省市规定民办养老机构的用地由国家统一划拨，如厦门市、宁波市已经在国家划拨民办养老机构建设用地政策上做出了尝试：规定优先审批和安排民办养老机构的建设项目用地；对于符合要求的民办养老机构保证用地，对于不具备划拨用地条件的，可采用有偿方式供地并在地价上给予适当优惠。

（三）水、电等费用优惠政策

早在 2000 年国务院办公厅出台的第 19 号文件中就明确规定，对于社会福利机构的用水、用电、电话等电信业务均给予优惠。各地根据国务院的文件制定了关于民办养老机构使用基本资源费用优惠的实施细则。各地的费用减免政策大体一致，主要集中在水、电、燃气、供暖包烧等实行价格双轨制的公共产品以及通信、收视、排污等各项基本的费用。减免都是通过政府直接降价而不是政府给予自来水公司、电力公司、电信公司等经营主体相应补贴的方式进行。

（四）税收优惠政策

我国还没有针对养老服务机构税收优惠的完善的制度体系，但是 2000 年颁布的《财政部、国家税务总局关于对老年服务机构有关税收政策问题的通知》中，已经明确规定对具有福利性、非营利性的老年服务机构暂免征收企业所得税，对其自用的房产、土地、车船免征房产税、城镇土地使用税、车船使用税。在这一规定下，非营利民办养老机构能够享有一定程度的税收优惠，大大降低了开办成本，有

① 上海将出台养老产业新政策 补贴力度居全国之首［EB/OL］. 证券网，2012-09-14［2013-11-16］. http：//www. capitalweek. com. cn/2012-09-14/1636003468. html

② 《关于支持社会力量发展养老服务业的政策措施》的通知（黔府办发〔2015〕5 号）［EB/OL］. 贵州省人民政府网站，2015-02-11［2015-03-05］. http：//www. guizhou. gov. cn/zwgk/zcfg/szfwj_ 8191/qfbf_ 8196/201709/t20170925_ 823858. html

利于养老机构的发展。

(五) 信贷优惠政策

我国《城市房地产管理办法》规定，用于福利事业的房产不能用于抵押贷款，民办养老机构在筹资过程中，不能抵押养老机构的房产，使其在初期需要大量建设硬件设施的筹资阶段面临很大挑战。因此，许多养老机构在申请信贷过程中都面临很多的阻碍。为了缓解这一问题，部分省市出台政策给予养老机构信贷优惠。例如云南省财政部门对规模较大、发展前景较好的养老服务项目给予贴息。但总体而言，出台具体信贷优惠政策的省市相对较少，即使部分省市出台了信贷优惠政策，内容也比较笼统，尚缺乏行之有效的、具体的实施细则。

(六) 培训用工优惠政策

全国老龄办《民办养老服务机构基本状况调查研究》课题组在2012年发布的调查报告显示：民办养老机构在没有外部支持和监督的情况下，为了降低服务成本只能在减少人力成本方面“做文章”，由此造成了许多民办养老机构中服务人员劳动时间长、劳动强度大、劳动报酬低、长期处于超负荷运转的状况，从而导致服务质量下降。各地为了保障民办养老机构的人力储备，对民办养老机构从业人员的培训、待遇和保障提供了相关的优惠措施。各地的相关优惠措施主要可以分为以下四个方面：首先，在培训方面，加强对从业人员的专业培训，并在相关政策范围内对相关培训费用给予补贴、优惠；其次，发挥医院、国有养老机构优势，深入社区对居家照护的照护人员进行具体指导和随时培训；再次，通过给予从业人员政策补助、一次性奖励等方式，鼓励从业人员安心工作，即在社会保障方面，给予政策规定范围内的人员基本养老保险、基本医疗保险和失业保险补贴；最后，鼓励开发养老服务业公益性岗位，将就业困难人员纳入养老产业。

二、政府支持长期照护机构的方式

20世纪50年代，我国建立了一批敬老院、福利院和光荣所，经费由国家财政全额拨付，工作人员属于行政事业单位编制。公办养老机构属于养老服务的托底层，即使没有缴费能力的老年人也可以免费入住。随着市场经济的形成，公办类型养老机构的服务对象开始扩大至普通老年人。传统行政管理中难以克服的低效率是这种类型养老机构的弱点。

随着养老服务市场的逐步放开，我国逐步出现了政府与社会组织或者企业合作、共同开办混合所有制的养老机构模式。政府作为养老服务责任主体，在公办的基础上，为了引入社会资金将养老机构的所有权逐渐放开，出现了公办民营、民办民营、民办公助和公补民用四种模式，随着市场经济的发展而逐渐发展起来，且速度较快。

（一）公办民营模式

公办民营模式即养老机构的所有权与经营权相分离，由政府出资兴建并承担运营费用，但是管理权归民营机构。在提升运营效率的同时，能够维护公有机构的社会福利性，属于政府购买养老服务的模式。在实际操作中，会根据养老机构发展规划，由政府或者居委会出资建设房屋，之后转租给社会组织或者个人经营，政府主要是建设房屋设备等硬件设施，在运营期间，不再提供直接补贴。

（二）民办民营模式

主要指投资主体为民营部门，以营利为目的兴建的养老机构。所有权和经营权均属于民办机构。尽管政府也提供一些优惠政策对这类机构进行扶持，但是机构主要是以适应市场需求的方式来建立运行机制，是市场中的运行主体，政府优惠政策中所给予的补助不是其主要收入来源。该模式的优点是注重效率，缺点是社会公益性较低，需要政府引导、培育并有效监管。

（三）民办公助模式

兴建主体以及运营管理均为政府以外的社会组织，收入除了包括入住者所缴纳的费用以外，还包括捐赠和政府的补贴，即政府根据养老机构的规模、床位数量、服务质量等，按照相关的优惠政策，向民办机构提供补贴。这已经成为我国政府推进养老机构发展的主要模式。

（四）公补民用模式

主要是政府将补贴给予需方，向符合政策规定的老年人发放养老券（补贴），使得老年人可以在养老服务市场上自主选择养老机构，或者购买居家照护服务。购买主体由政府购买变为居民购买。一般是以发放服务券为主，根据各地经济发展水平不同，所给予的服务券金额也不同。发放服务券的主要目的是支持老年人消费照护服务，提高其生活质量，促进养老服务的供给。

在供给中，公办的养老机构，即国有和公办民营两种模式，应该向“三无”、低收入、贫困、失能老年人开放，体现其兜底的性质；民办类型的养老机构中，民办公助、公补民用类的养老机构应该面向自费的中低收入老年人提供服务，民办民营类的养老机构应面向中高收入老年人提供服务。

第二节 机构照护服务的现状

本小节将对不同类型的老年照护机构进行定性分析，主要采用焦点小组访谈、问卷调查法以及参与观察法，分别对机构照护的利益相关者进行深度访谈，并召开座谈会，分析S市出台的相关制度对于长期照护机构发展的影响。

一、老年照护机构个案的基本概况

本研究选取了S市具有代表性的养老机构作为定性分析对象，基本概况如表6-1所示。

表6-1 养老机构个案基本概况

<table>
<tr><th>性质</th><th>养老机构</th><th>性质</th><th>特点</th><th>创建时间</th><th>政策优惠程度</th><th>主要服务对象</th><th>价格</th><th>床位数</th><th>等候数量</th></tr>
<tr><td>国有</td><td>SH福利院</td><td>公办公有</td><td>示范功能，辐射作用</td><td>1945</td><td>财政拨款</td><td>“三无”老人、失能半失能老年人、健康老年人</td><td>1600元左右（根据房间、失能程度价格不同）</td><td>>1000张</td><td>>200人</td></tr>
<tr><td rowspan="4">民办</td><td>XJ公寓</td><td>民办</td><td>以自理老年人为主，规模较大</td><td>2010</td><td rowspan="4">建设用地优惠、用水用地优惠、税收优惠、信贷优惠、培训用工</td><td>主要是生活可以自理的老年人</td><td>自理老人1500~2000元；失能老人3000元左右（根据房间、失能程度价格不同）</td><td>约2000张</td><td></td></tr>
<tr><td>JH医院失能护理院</td><td>民办公助</td><td>与医院合办，养护一体</td><td>2010</td><td>失能、半失能老年人</td><td>1800元左右</td><td>约100张</td><td>>20人</td></tr>
<tr><td>CX托老所</td><td>公建民营</td><td>个人经营，政府资助</td><td>2003</td><td>完全失能老年人</td><td>1500元左右</td><td>约100张</td><td></td></tr>
<tr><td>BC家园</td><td>民办民营</td><td>培训能够创业的照护人员，文化养老</td><td>2010</td><td>主要是高收入生活可自理的老年人</td><td>4000元左右</td><td>约1080张</td><td>无</td></tr>
</table>

（一）国有养老机构——SH 福利院

SH 福利院于 1945 年成立，原为养老院，1985 年改为社会福利院，2007 年更名为“S 市第一社会福利院”。2005 年，该院搬迁至市劳动湖北段的最佳风景区，总建筑面积 32 000 平方米，拥有床位 1200 张。宾馆化设施，医护式管理，条件好，设施全，质量高。目前是其所在省最大的集养老服务、慈善救助、帮残扶弱于一体的国有公益性社会养老保障机构。主要承担城镇“三无”老人的收养任务；同时，面向社会招收部分自费老人入住。有管服人员 112 人。目前，共接收人员 1100 余人，其中“三无”老人达到 570 人，自费老人 600 余人。目前，有几百名老年人登记排队要求入住。一床难求的现象极为突出。

该院由于基础设施完善，服务品牌过硬，曾获得国务院授予的“热心公益荣誉奖”“省级文明单位标兵”“省级花园式单位”“省级卫生先进单位”等多项荣誉称号，已经成为省内外知名、具有辐射示范效应的养老机构。

（二）XJ 老年公寓[①]

XJ 老年公寓是 S 市规模相对较大的民办养老机构，建于 2010 年。由董事会聘任院长负责日常工作。地理位置优越，交通、就医十分便利，是一所集养老、休闲、健身、娱乐、学习于一体的公益性养老机构。公寓总投资 2 亿元人民币，占地面积 17 000 平方米，建筑面积 39 000 平方米，总计 800 个房间。分别设有单人间、双人间、三人间和多人间等不同规格的房间，拥有 2000 张床位，能满足老年人不同的需求。每个房间家具齐全，配有彩色液晶电视、电话机、紧急呼叫系统以及专门为老年人设计的高标准独立卫生间，卫生间内 24 小时提供冷热水。公寓设有电梯，娱乐设施较为完备。接收的老年人包括失能半失能老年人。

（三）JH 医院失能护理院

JH 医院失能护理院建立于 2010 年。依托 JH 医院的资源，是一所集医疗、教学、科研、康复、预防、社区卫生服务于一体的国家二级甲等医院。JH 医院的前身是国营 JH 机械厂职工医院。在企业改制中，职工医院被分离出“母体”，挂牌为“S 市 JH 医院”，是一所有三个社区卫生服务中心和一个集医疗、护理、养老为一体的老年护理院。[②] 护理院按照老年人失能程度分为 ABC 三个区，A 区住的是能自理的老年人，B 区住的是能半自理的，C 区住的是完全不能自理的老年人。

---

① 资料来源：XJ 公寓简介［EB/OL］. 2010-11-28［2013-11-10］. http：//www. xsjlngy. com/News_View. asp？NewsID=8.

② 资料来源：JH 医院简介［EB/OL］. http：//dxy. com/hospital/18267.

（四）CX 托老所

CX 托老所创办于 2003 年，是一所民办企业，入住的老人全部是失能老人，其主要入住的是卧床不起、生活不能自理的全瘫、半瘫、植物人以及需鼻饲的老人。全所面积 490 平方米，床位 54 张，是具有医疗专业护理特色、医护一体化的长期照护机构。2011 年，托老所所在区政府为其提供了 940 平方米的新院舍，能容纳 100 张床位，是典型的国有民营模式的机构。CX 托老所的护理内容主要以医疗照护为主，包括：用药护理、口腔护理、外阴护理、褥疮护理、大小便失禁护理、排便困难等生活护理。CX 托老所的服务项目包括：①定期擦身、理发；②定时喂饭、喂水；③每 3 个小时翻身扣背一次；④定时做眼睛护理、口腔护理，早晚各一次；⑤定时测生命体征（包括体温、脉搏、血压）；⑥每三天通便一次。其标准是三短、七洁、四无。① 该托老所以其体贴入微、耐心、全面周到的照护享誉全市。

（五）BC 家园

"BC 家园"老年公寓由 S 市工程学院（民营）投资 3982 万元兴建，是全国首家依托教育资源开办的养老机构。公寓建筑面积 18 850 平方米，床位 1060 张，为自理老年人和失能或半失能老年人提供全方位服务。建筑模仿北京四合院的风格，实行分区护理，提供不同的照护服务。公寓设有普通间、标准间及少量较高档的家庭式养老房间，以吸收本地或者外地的高收入老年人为主，设施均按照老年人生理特点设计。房间、走廊配有紧急呼叫系统。内设医务室、健身康复室、台球厅、棋牌室、茶艺室等。照护房间配有流动的护理移位机、沐浴床、洗发车、防褥疮气垫等自动化护理设备。公寓借助学院的教育资源，为老年人开设了书法、绘画、老年集体手工制作等课程，还组织老年人成立了老年合唱团、秧歌队、健身队，使 BC 家园老年公寓具有浓厚的文化休闲特色。②

二、养老机构的发展：政府主导与市场选择

（一）2002 年以前：公办养老机构的单一发展

2002 年以前，SH 福利院作为政府财政拨款的公立养老机构，一直备受政府重视。因此，养老服务的环境好，硬件设施完善，为适应养老服务社会化奠定了非常好的基础。该市 20 世纪 90 年代以前，老龄化的问题尚未凸显，因此需求不旺盛，

① 即头发短、指甲短、胡须短；皮肤、口腔、会阴、肛门、手、足、头发清洁；无褥疮、无坠床、无烫伤、无交叉感染的发生。

② 参见张洪森等．政校合作背景下的"文化养老"的实现［J］．黑龙江生态工程职业学院学报，2011（05）：52+109.

加之过去儒家文化中“孝”观念的影响，即认为老年人如有子女应该在家中养老，而非进入养老机构，使得SH福利院的发展在一定时期内比较缓慢。

（二）2002~2006年：养老服务市场初期发展阶段

该市于1994年进入人口老龄化阶段，养老服务的需求凸显。SH福利院开始依托自身优势适应市场需求公开招收自费入住老年人，并且服务日益多样化，服务对象从自理老年人到失能半失能老年人都有。但是人口老龄化所带来的养老服务市场需求问题，已经并非单纯依赖于公立养老机构就可以解决的。

1. 公办养老机构扩大服务对象

该市唯一的两家公立养老机构于2002年以后开始公开招收自费老年人，扩大服务对象。市政府加大了对该市福利院的投入，使其成为该市地标式的养老机构，具有很强的示范效应。由于公立养老机构的资金属于财政拨款，福利院在市政府的重视下很快就成为全市硬件设施最好的养老机构，又因地处市中心、环境最优美的地段，成为当年全国少有的一家设施完善、服务优质的养老机构。

> SH福利院自2002年开始招收自费老年人，最初也曾通过到大街上发传单，进行扩大宣传。
>
> ——摘自对SH福利院负责人的深度访谈记录

SH福利院在最初招收自费老年人时，也曾经扩大宣传范围。但是其优质的软硬件环境以及人们对政府的信任，使得老年人对SH福利院的评价很高，现今已无须宣传，便一床难求。

SH福利院的运营实践表明，养老服务业作为一种微利行业，所面对的是消费能力有限的老年人，有效需求很难被撬动。政府在这些养老机构的建立和发展壮大过程中，起到了至关重要的作用。政府的巨大支持使SH福利院在硬件、软件设施方面都走在S市的最前列，其声誉成为优质服务的名片。

2. 小规模民营照护机构的起步

S市在进入老龄化阶段后，照护市场需求逐渐上升，尤其是失能半失能老年人的需求旺盛。随着福利社会化政策的逐步实施，在公办养老机构对失能半失能老年人照护供给不足的情况下，以CX托老所为代表的民办养老机构陆续出现。这一时期养老机构发展的特点是以个人出资为主，资金有限，规模较小。根据市场需求，针对最需要被长期照护的老年人即失能半失能老年人，兴建了托老所。原因是：一方面，老年人失能半失能后给家庭以及被照顾者带来了巨大的负担，直接影响了子女的工作，很多子女没有时间和精力照顾长期卧床老年人，使得这部分群体的照护需求呈现刚性增长；公立养老机构的供给又无法满足长期照护需求，等待时间过长的供需矛盾为小型民办养老机构的建立与发展带来了空间。公立养老机构的服务对象尚未扩大至失能老年人，使得市场中的长期照护服务供给出现空白，因此更多社区中具有简单生活服务和粗放护理功能的托老所纷纷建立起来。另一方面，由于失能半失能老年人行动不便，有些老年人长期卧床，对空间活动的要求较低，对硬件设施的要求也较低，托老所的创建者可以在社区内以租房形式或者以自己的住房来创建托老所，这在一定程度上节省了成本。个人出资的托老所针对的对象是失能半失能老年人，也避免与有较好的硬件设施与环境、活动空间较大的公立养老机构形成竞争。

本书所选取的CX托老所这一案例具有一定的典型性，其建立主要来源于托老所创建人的个人经历。CX托老所的院长原为某公立医院的护士长，其本人最初是在长期照护失能卧床的母亲的实际感受中，深切体会到照护失能老年人所遇到的困难，从而萌发了建立失能护理院的想法。

> 我就是因为我母亲卧床，然后就想着怎么救她。最初我是在家里面招收失能老人，之后老人多了，才逐渐开始租房子。
>
> ——摘自对CX托老所负责人的深度访谈记录

CX托老所专门接收重度失能老年人，从最初的仅有3名失能老年人和1名护理人员的小型托老所逐步发展到有100张床位和30余名护理员的中等规模护理院。托老所不同于其他营利企业，属于微利行业，创办者只有不断地付出极大的耐心和爱心，才能成功。

（三）2006年至今：长期照护市场的发展

2006年以后，S市的养老服务社会化与市场化得到深入发展。随着该市以引进社会资金为亮点的养老服务政策的陆续出台以及养老服务社会化的发展，各项为老政策的不断落实，该市养老服务产业化趋势逐渐形成。

这一阶段的特点，主要表现在较大规模的养老机构开始逐步建立，特点是依托原有的准公共产品供给条件来创办养老机构，并且创立了民办公助模式和公建民营模式。同时政府加大对大型公办养老机构的投入，使其继续发挥示范辐射作用，逐渐形成了较大规模的养老服务市场。

1. 小型照护机构实现公建民营

以CX托老所为例，政府在其发展过程中所发挥的作用不可忽视。在这一案例中，前期CX托老所依赖过硬的服务质量在社会上赢得了良好的口碑，此后又获得了政府的大力支持，尤其是对其用房的支持，使其经营成本大幅度下降，硬件设施得到了很好的完善。如政府投资了500万元在原有设施基础上扩建了940平方米，增加了床位，用于收养失能老年人，委托CX托老所经营管理；而CX托老所仅需每月支付不足1000元的租金。这些优惠，对于托老所的可持续性发展起到了至关重要的作用。增强了创办者持续发展托老所的信心，形成了良性的互动。

在这一阶段，S市还通过采取盘活整合存量资产，改扩建旧办公楼、旧厂房等办法，开办了一批养老机构，以公建民营的方式，鼓励养老机构开展康复护理、失能照护、临终关怀、精神慰藉等各具特色的服务。目前，该市已有10家拥有100张床位的老年长期照护机构。

2. 民办民营照护机构

（1）由学校改造而成

以XJ公寓为例，其最初是一所民办外语学校，后改建为养老机构。人口老龄化导致民办服务机构针对市场改变其服务群体。投资人既有公益性的目的考虑，也有因市场需求而做的调整。在创建初期，由于养老服务业属于微利行业，成本回报需要一段时间，这与之前投资的民办学校性质较为相似。而且民办学校与民办养老机构所提供的服务在产品属性上有类似之处，均具有准公共产品的特性。建立学校所需要的政策优惠，在转为养老机构的过程中也被延续下来。

> 我们办养老机构并不是想从这里面获取多大的利益。如果只想要利润，我们就不做养老了。因为筹集这么多钱，不是一年两年就能回来的。我们还有其他分支企业，很想把事业做得很阳光，所以就选择养老了。
>
> ——摘自对XJ公寓负责人的深度访谈记录

在XJ公寓建立过程中，政府隐性、显性的政策导向和政策优惠，有效地推动了民办养老机构的建设，主要体现在XJ养老公寓本身就是学校，无论是土地价格优惠还是其他相应的优惠本身就存在。因此，在XJ公寓的建立过程中，政府在信贷、用地等方面为民办养老机构创造了稳定发展的制度环境。

> 我们是2010年组建的，当年10月开业的，整个建筑是按老年人的需求而设计的。一直受到市政府的重视与支持。
>
> ——摘自对XJ公寓负责人的深度访谈记录

（2）医院主办护理院

JH老年护理院是由股份制的JH医院与JH区政府合办的。

> 这一护理院的最大特点是医护一体。我们这个地方，这些老人基本都是危重患者，像一些自理能力不行的，随时可能会出现心脑血管问题。别的护理院这种危重病人（有突发情况）就得打120，由于我院有大夫，可及时救治。因此最大的特点是既是托老所，又是医院。
>
> ——摘自对JH护理院相关负责人的深度访谈记录

由于JH医院护理院是由股份制医院主办的，所以对市场需求信号极为敏感。护理院筹建初期正是该市老年人长期照护市场需求巨大的时期，董事会敏锐地意识到失能老年人给家中照护的亲属带来了巨大的负担，因此决定建立 JH 护理机构。

> 主要目的是为老年人提供照护。护理院这个地方就适合失能老年人以及给予面临死亡的老年人以临终关怀……因为家里有这样的病人，基本没法上班，精力、经费都会有问题。
>
> ——摘自对 JH 护理院相关负责人的深度访谈记录

JH 老年护理院是股份制，院长要对董事会及股东负责，因此在筹建过程中，更注重市场需求。由于市场定位较准，弥补了市场中的空缺，所以发展较快，需求旺盛。目前，需预约登记，排队入住。

（3）政校合办养老机构

2010 年 BC 家园老年公寓成立后，就与街道办事处共同成立了“S 市老年日间照料服务中心”，该中心是 S 市首家政校合作的养老示范基地，是我国较早的政校合办养老机构。该基地用高校的文化资源辐射养老机构，发展宣传老年文化。① BC 家园老年公寓所承担的功能，除了养老以外，还承担教学、科研、输送培养护理院创业人才的功能。其培养学生的定位是为收入较高的高端客户服务，强调文化养老，实行互动教学。

> 这个养老机构是我们的街道办事处与当地的 GC 学院合作，由 GC 学院投资的……现在不只是考虑眼前的利益收入，主要还是考虑更好地为老龄事业培养人才。
>
> ——摘自对 BC 家园负责人的深度访谈记录

由于 BC 家园的消费群体定位是高收入老年人，机构养老的价格定位已经达到 4000 元以上，超过当地居民的平均工资水平，因此入住率不高，该养老机构更多的是承担了教学和研究职能以及向外输送老年照护人力资源。

（4）公办养老机构的发展：示范效应

政府依托两个国有福利院，利用公共服务资源，向社会开放服务设施，全力打造集生活照料、医疗康复、文体娱乐、认证培训等多功能于一体的具有示范作用、辐射周边的大型开放养老机构。

到 2015 年年底，建成市第一社会福利院失能老人护理楼和市第二社会福利院“三无”老人宿舍楼并投入使用，床位分别增加了 350 张和 250 张。每个县（市）依托现有养老服务设施，整合社会养老服务资源，也至少设有一所 200 张床位以上的规模适度、功能完善，以提供老年人照护为重点，兼顾为残疾人、孤残儿童提供

① 张洪森等．政校合作背景下的“文化养老”的实现［J］．黑龙江生态工程职业学院学报，2011（05）：52+119.

服务的综合性公办社会福利机构。政府的重视与支持使养老机构设施不断完善，使之成为该市性价比最高的养老机构。

> 这是劳动湖，老人可以在这里遛弯，因为地理环境好，国家办的养老机构，大家很认同、很放心，所有的管理、医疗都十分到位，所以目前等候入住的也很多。
>
> ——摘自对SH福利院负责人的深度访谈记录

如在医疗设备方面，种类和档次明显优于其他养老机构，SH福利院内部就有自己的医院，一般的小病都可以解决，能够保证老年人长期照护的连续性。

> 我们这里为什么受欢迎，是因为病重时，不用转地方，可以继续在这里……这里有护士站，老人有时生病、打点滴，每天都有大夫、护士监护，一般常见病都能解决。
>
> ——摘自对SH福利院负责人的深度访谈记录

从招收老年人的经济状况看，既有“三无”人员，也有自费老年人，数量几乎各占一半。从招收老年人的身体状况看，覆盖范围更加广泛，从自理到半失能、失能老年人都有。从照护特点看，医疗、康复、文化、娱乐设施健全。该市已明确SH福利院未来发展的主要目标是满足失能半失能老年人的需求。政府正在继续加大投入，建立更大规模的失能老人康复中心，增加接收失能半失能老年人的数量。

三、政策差异化的作用及影响

（一）政策差异化对照护机构的影响

我国于2013年9月颁布了《国务院关于加快发展养老服务业的若干意见》，明确提出，积极推进医疗卫生与养老服务相结合，探索医疗机构与养老机构合作新模式。尽管有相关文件，但是尚未有细则出台。民政部统计数据表明，在我国4万多所养老机构中，只有不到20%的养老机构能够提供医疗护理，并且未被纳入医保定点范围。① 这削弱了利用社会资金建立能够抵御长期照护风险、接收失能半失能老年人的养老机构的能力。在S市的养老机构发展过程中，也可以看到这一问题的凸显。

由于有政府的巨大支持，SH福利院作为全市环境最好、设施最完善的养老机构，拥有较多的医疗资源而且实现了医养一体，价格定位较同一档次的民营机构更

① 姜小鱼．中国养老咨询养老机构因何老无所医［EB/OL］．中国经营网，2014-10-16［2014-12-15］．http：//www.cb.com.cn/index.php？m=content&c=index&a=show&catid=20&id=1088987&all.

具竞争性。所以，公办养老机构以自身齐全的设施、较高的服务质量、良好的信誉，深受老年人欢迎，在养老服务市场上，处于供不应求的状态。目前，SH 福利院对“三无”人员不收费，国家给予全额财政拨款，但难以达到收支平衡。随着我国社会救助制度的完善，“三无”人员的定义也日渐宽泛，给公办养老机构带来了一定的压力。为缓解这种压力，SH 福利院招收一部分自费老人，根据居住的人数以及失能护理的级别，收费有所差别，其中餐费是根据个人需求而在食堂单独收费。在收支平衡过程中，将收住自费老年人的盈利部分贴补给“三无”老人。这也是目前我国公立养老机构普遍采用的一种做法。

> 自费老年人这边可以说是盈利的。但因为编制不够，也有一些收入给聘任人员开支了，也等于补贴给“三无”老人了。政府不给自费老人补贴，“三无”那边政府全额投入，但是给得不够，需要部分补贴。
>
> ——摘自对 SH 福利院负责人的深度访谈记录

但是，公立养老机构与民办养老机构之间的区别，已经不能仅仅从是否盈利的角度去判定。SH 福利院负责人对于公立养老机构和民营养老机构的职责认知，更多的是放在其示范功能上。

> 我们不是以营利为目的，服务行为有规范，服务质量有保证。公办的跟民营的区别就是，民营要盈利，我们的关键是把照护对象服务好。在社会上，国有养老机构要起到一个示范作用。民办机构为了吸取经验，来这里学习。
>
> ——摘自对 SH 福利院机构负责人的深度访谈记录

民办养老机构在定价方面，更多的是从养老服务市场和老年人的消费水平角度考虑。

> 我们这个城市老年人幸福感挺强的，但整体消费水平低。你要把价位给提上来，就没人住了。
>
> ——摘自对 XJ 公寓负责人的深度访谈资料

在调研中我们了解到，XJ 公寓已经运营近两年，才实现日常收支平衡且处于微利状态。对于未来公寓价格是否上涨，相关负责人表示需要看未来市场需求的变动。

> 现在好多老年公寓价格开始陆续上涨。我们也考虑以后养老这一块儿会是什么情况，如果负担太大，等我们承受不了的时候再考虑。我们现在的电费一个月是 1 万多（元），水费两三千块钱。公寓如果小的话，是承受不了的。
>
> ——摘自对 XJ 公寓负责人的深度访谈记录

对于XJ公寓而言，其市场定位是中等收入老年人。价格过高将会影响其入住率，市场的有效需求将降低。价格方面，对自理老年人来说，若是选择住单间，依据房间的朝向价格从1500元到1900元不等；若是选择住两人间，则每人支付的金额由850元到1050元不等。但如果是失能半失能老年人，将另收服务费350元到900元不等。以重度失能为例，若是选择住单人间，则价格会上升为2400元到2800元；若是选择住两人间，价格则由1750元到1950元不等。这一价格明显高于当地老年人的收入水平。而失能半失能老年人由于大多罹患慢性病，医药费也是日常消费中的重要支出，加之生活费支出，将给失能半失能老人带来沉重的经济压力。对需方而言，长期照护需求很难被满足；对供方而言，增加医疗设备和护理人员，都会使成本上升而降低对老年人的吸引力。因此，为失能半失能老年人提供专业化服务的照护机构一时还难以发展壮大。

以失能半失能老年人为消费群体的JH老年护理院，在护理费用方面，主要根据老年人的失能程度定价。

> JH老年护理院的收费分为四个标准：能自理的老人每月750元；半自理的老人每月1300元；失能老人每月1680元；临终关怀老人按天计算，每天50元。
>
> ——摘自对JH老年护理院负责人的深度访谈记录

在政策优惠方面，相对于XJ公寓主要招收能够自理的老年人，JH失能护理院在成本方面需要的投入更多，尤其是在医护人力资源和医疗设备方面。在政府的政策优惠等同的情况下，老年护理院的资金相对不足，处于微利状态。在护理院，医疗服务和护理服务属于分账管理，医生与护士的工资均是由JH医院支付，护理服务的费用单独立账。如果加上医生护士人员的支出，便不能满足养老机构的运转。加之护理院往往需要采购一些康复器械和检查仪器，而且东北地区的采暖等费用也不低，这一切都推高了运营成本。

> 除了资金问题，其他问题还包括环境面积比较小以及护工不好培养。
>
> ——摘自对JH老年护理院工作人员的深度访谈记录

而在市场需求方面，尽管市场的需求潜力很大，截至2013年年底，S市共有失能、半失能老人13.6万，[①] 但是由于老年人消费能力不足，定价收费不能提高，失能护理院发展动力不足。

CX托老所针对的老年目标群体，虽然与JH失能护理院类似，也是针对失能半失能老年人，但是由于属于公建民营性质，护理人员的工资一般为每月1500元左右。

① S市养老服务业综合改革试点方案（草案），2013.

对老年人每月收费的定价是1500元左右，相较于JH老年护理院更低一些。得益于住房部分由政府给予租金优惠，因此CX托老所在运营中可以实现收支平衡。

BC家园的定位为文化养老，主要针对高收入者，因此价格定位相对比较高。但空置率也较高，只是由于该机构还兼有培养护理人员的任务，收入不仅仅来自老年人入住费用，还来自受培训护理人员的学费，因此也可以达到收支平衡。

总体而言，政府的补助力度对养老机构是否有能力接收失能半失能老年人影响较大。

（二）政府投入差异化对照护机构的影响

政府政策的差异性，直接导致公办养老机构和民办养老机构的筹资渠道不同。在个案分析中，虽然公办养老院主要的服务对象是“三无”老人，但由于有政府的巨大投入，基础设施相较于其他养老机构具有先天优势。仅从该市养老机构所在的地段、周边的环境就可以看出，政府的支持是其他养老机构所不能比拟的。作为新中国成立后该市为数不多的公办养老机构之一，其历史知名度非常高，自费老人对SH福利院的认知度也非常高。其硬件设施和软件人力资源涵盖了从自理到失能半失能老年人的各个方面，使其成为该市唯一一个具有连续性照护能力的大型养老机构。

而民办机构在政府的扶持力度方面则要低于公办的SH福利院，因此并未形成从自理到失能的具有连续性照护特点的、全面的、综合性养老机构，而是成为结合自身的基础条件、依据市场需求、针对某一特定老年人群体发展而来的具有一定特色的养老机构。以XJ养老公寓为例，主要针对自费的中高收入老人且生活能够自理的群体。因此，养老机构内更多的不是引进医疗设备，而是引入娱乐设施，全自动麻将机、会议设备、空调、卡拉OK设备等一应俱全。所有老人居住的房间都是标准间，房间的布局以及房内床位的摆放，基本是按照生活能够自理的老年人需求而定。

> 我们的房间就是特别宽敞，设施全……而不像有的老人公寓，住的地方比较狭小，在这里就像居住在家里一样。
>
> ——摘自对XJ公寓负责人的深度访谈记录

CX托老所和JH医院老年护理院更多注重对失能半失能老年人的看护，因此在硬件的配置上，更注重医疗器械方面的应用。JH医院老年护理院相对于CX托老所，医疗设备和医护人员配备更加完善，可以直接对老年人进行诊治。BC家园由于定位高端，文化资源相对丰富，有老年人陶冶情操、书写字画的地方，也有类似于住宅的养老房间，满足失能老人护理、洗澡、治疗等需求的器材也都比较先进，但更多地适用于实习和教学方面。

比较而言，只有公办养老机构，在政府财政的大力投入之下，才更具备养老机构的综合性、全面性、专业性，而民办养老机构更多的是细分市场，结合自身的基础条件，依据实力，突出特色。

（三）政策差异化对照护机构人力资源的影响

在护理人员方面，5 家养老机构均存在用工荒的问题。SH 福利院属于国有养老机构，在人员配备方面分为有编制和无编制两类工作人员。在招募方面，受编制体系所限，一般均为临时工作人员。编制对该市的人才具有非常强的吸引力，有编制的人员工作相对稳定，应聘条件也较高。

对于 XJ 公寓而言，由于是由学校改造而成，其管理人员仍然是由学校人员来担任。护理人员是后续招聘的，工资在 2000 元左右。虽然在招聘方面 XJ 公寓也感到有难度，但是相对于以照顾失能老年人为主的 JH 老年护理院和 CX 托老所来说，要更易招聘。

> 这里的护理人员都是经过培训聘用的，但是管理人员都是原来学校的……
>
> ——摘自对 XJ 养老公寓负责人的深度访谈记录

JH 失能护理院的护理人员，主要由护工和医护人员构成。护士属于专业技术人员，护工主要是由院里和劳动局组织的培训班学员担任。该培训班所培训的内容包括护理培训、家政服务。护士由 JH 医院进行管理，人员相对稳定，但是护工人员的流动性很大、不稳定。尽管工资相对于普通护工的高，但是在招收护理人员上也出现了极大的困难。

> 全院共有 106 个病人，配有部分护士和护工，一个房间 6 个老年人，由两个护工负责。包括吃喝拉撒睡，还有洗澡，等等……有一部分护工干的时间就比较长，已经两年多了，也有的人干两天三天受不了就走了。这个活不是一般人能干的，要有爱心才能干。关键是坚持不下来。我们给的工资在我们地区来讲是比较高的……基本工资 1000 元，然后你照顾多少老人干多少活，一个月能拿到 2000 元到 4000 元吧。
>
> ——摘自对 JH 老年护理院负责人的深度访谈记录

> 这些护工之前基本在其他地方也是做这项工作的。其中也有下岗的，下岗女工多一些，现在越来越难找了。因为做这项工作一是要有爱心、耐心，二是要有些专业知识，三是要保证待遇……老年人护理是非常专业的，吃的东西要用打磨机打磨出来，还要凉热适中，否则在胃里也不能消化。像这样的专业的护理人员，符合条件的不多，太难找了。
>
> ——摘自对 JH 老年护理院相关负责人的深度访谈记录

CX托老所在招聘护理人员过程中也遇到招聘难题。BC家园由于空置率较高，护理人员主要是来自该大学的实习大学生，招工难的问题相对容易得到缓解。由于S市本身经济发展水平较低，BC家园培训的医疗护理人才很难留在S市。毕业生更多的是选择去国内经济水平较高的一些城市发展，如北京、上海，或者去国外亟须护理人力资源的国家发展，如日本。因此，并未缓解案例城市护理人员严重短缺的问题。

> 学院开设护理家政专业，想法很好，去年招了5~6个学生，但现在毕业了，却留不住人，都到发达地区去了。
>
> ——摘自对JH老年护理机构负责人的深度访谈记录

（四）政策差异化对长期照护市场的影响

在S市的养老服务市场上，公办养老机构和各类民办养老机构都在针对自己的目标群体调整市场定位。由于需求缺口较大，市场竞争起点不同，目前民办养老机构和公办养老机构之间并未形成有效的竞争。

> 在老龄社会，民营的养老院、托老所的开办，可以减少排队等候人员，减少国有的压力，谁办养老院，我们热情接待，把材料和经验都给他们。
>
> ——摘自SH福利院养老机构负责人在座谈会上的发言

但是为推动长期照护服务市场的发展，政府对国有公办养老机构在市场上的定位，也需要逐步调整。目前，S市政府对公办养老机构的定位是兜底和示范作用。由于公办养老机构除了接受国家财政拨款以外，还享受着民办养老机构享受不到的各项隐形优惠政策，例如养老机构地段的选择，老年消费群体所青睐的机构周边环境的优势等；事业单位的编制对于养老服务人力资源的吸引力也是其他民办养老机构所无法达到的。在养老服务市场中，民办养老机构与公办养老机构无法在同一条起跑线上竞争；对于养老服务市场中的服务接受者老年人，在国有养老机构和民办机构消费价格相差不大的情况下，每一位入住公办养老机构的老年人无形中都获得了政府的补助。由于公办福利院内的行政人员较多，其费用支出较大——不算固定资产投资，仅仅计算人工费用和折旧费等，这意味着每一个入住公办养老机构的老年人都将获得较高的政府补贴。这使得公办福利院的规模越大，国家财政负担越重，① 反而加剧了不公平性。国有养老机构接收老年弱势群体，由于缺乏对其身体健康状况的评估，无形中会使大量身体健康、经济条件

---

① 参见杨团．从鹤童研究认识中国非营利机构［EB/OL］．中国社会组织网，2003-08-28［2013-11-10］．http：//www.chinanpo.gov.cn/1835/15743/nextindex.html.

相对好的老年人，通过关系、权力等社会网络资源获得入住资格，从而获得国家间接补助的隐性福利，即缴纳低于市场的费用，却享受到高于市场价格的服务，出现了资源配置的不公平性问题。

由于民办养老机构更注重将目标定位在市场中的某一类群体，企业或者个人在投资的过程中，会权衡养老服务市场的竞争环境。对于民办养老机构而言，家政服务类的企业由于规模较小，虽然服务内容有一定的重叠性，但并未与其形成有效竞争；社区内的托老所在服务内容、创新、竞争力等方面相对不足，也存在一定劣势；但是相对于政府背景下的养老机构，民办养老机构的竞争力有所下降。①

案例城市政府对民办机构所给予的各项政策优惠，促进了企业和个人根据自身的条件，在市场上选择目标群体。如 XJ 老年公寓利用自己原有的资源，服务对象主要是中高收入的自费老年人，在长期照护服务的供给上，更多的是按照市场的需求进行。对于老年公寓这一类服务企业而言，其所提供的居家照护尚未形成规模，缺乏大型连锁企业作为支撑，服务质量不稳定，目前还不具备较强的竞争性。政府购买的居家照护服务更多针对的是社区内低收入人群，无论在资金、环境、收费还是口碑上，与 SH 福利院相比，都不具有优势。一些民办医院针对市场需求，如 JH 医院利用自己的医疗资源优势，结合政府的政策优惠，将资金投入到失能半失能老年人的照护中，更具市场导向。但是以接收失能半失能老年人为主，具有市场化、大众化特点的照护机构，却因所需的专业护理人员劳务成本较高，更需要政策将市场价格与老年人消费能力之间存在的落差补齐。失能老年人的照护模式的不可替代性，决定了建立接收失能半失能老年人的养老机构是未来我国人口老龄化发展中亟须解决的关键环节。

在发展过程中，CX 托老所之所以能够扩大规模，无疑与政府的投资、政策的扶持是分不开的。目前，不仅存在招收专业人员人力成本较高的问题，也存在失能老年人消费能力不足的问题。如果没有政府提供的优惠政策，仅仅依赖于托老所所长的利他主义是难以维系的。政府有效的补助，兼顾了公平与效率。而 CX 托老所重点服务的这一部分失能半失能老年群体恰恰是我国长期照护服务中最重要最困难的底层，也是机构照护的主要服务对象及机构养老最重要的功能体现。随着市场经济深化，社会资金的不断涌入，如何推动民营养老机构继续发展，建立一个公平的竞争环境，政策导向将愈发起到至关重要的作用。

面对 S 市目前 13.6 万失能半失能老年人的潜在市场需求，政府的扶持力度还需加强。相对于缘起于医院和学校的大型照护机构，分散在社区中，只有十几张或几十张床位，由个人创建的托老所更需要政府给予软硬件资源的支持和监管。当

① 张俊良，曾祥旭．市场化与协同化目标约束下的养老模式创新——以市场人口学为分析视角［J］．人口学刊，2010（03）：48-53.

前，针对失能老年人的小型民办托老所，由于资金少、规模小，面临较大的发展困境，其卫生环境、照护质量堪忧。事实证明，这些散落在社区中、规模较小的托老所，依靠低廉的护理费用以及多年经营所形成的口碑维系经营，正是那些家中有失能半失能老年人的家庭所急需的。因为这些机构的护理费用较低，符合周围居民的消费能力，更符合老年人的偏好。家属可以经常探望老人，随时可以接回家中给予照料，有效地实现了正式支持和非正式支持者之间的结合、互动、互补，既能减轻老年人的负担，也能减轻政府的压力。

> 我们有几个社区有养老院，基本都满位，哪家服务态度好，大家就到哪儿，因为它离家近啊，我们社区义工较多。有时我们组织人员去给他们包饺子，组织活动。那些老人非常感动。
>
> ——摘自对 TF 区 LH 社区负责人的深度访谈记录

由于过去在社区建设过程中，并未考虑到人口老龄化的问题，社区中的养老机构所需要的消防设施很难达标。因此，一些小型托老所很难从民政部门获得资质，造成“黑机构”较多，致使民政部门的监管出现盲点，同时也无法享受政府所提供的各项政策优惠。为规范养老服务市场，S 市制定了《S 市民政局关于对全市民办养老机构加强监管的意见》和《S 市民办养老机构清理整顿工作实施方案》，在全市范围内展开了整顿工作。向 16 家无证经营但是已经达到准入标准的民办养老机构颁发了社会福利机构证书；向 11 家经过整改达到标准的民办养老机构颁发了福利机构设置证书；对于整改后仍然不合格的机构依法予以取缔。[①]

> 社区内有一些个人办的托老所，是非常受社区内居民欢迎的，但是他们消防设施都不合格，消防部门不发相关的合格证，我们这边也无法给他们发证，所以就变成了“黑机构”。
>
> ——摘自对 S 市民政部门相关负责人的深度访谈记录

我国规定养老机构达到 10 张床位以上就可以开办，无疑鼓励了社区内小型托老所的建立。但是个人创建小型托老所无法依靠个人能力解决消防通道等硬件设施不完善的问题，需要当地民政部门协调相关部门给予解决，才能有效促进社区内托老所的发展。

---

① S 市民办养老机构成为养老重要载体［EB/OL］. 人民网，2009-12-10. http：//unn. people. com. cn/GB/22220/142927/144722/10556745. html.

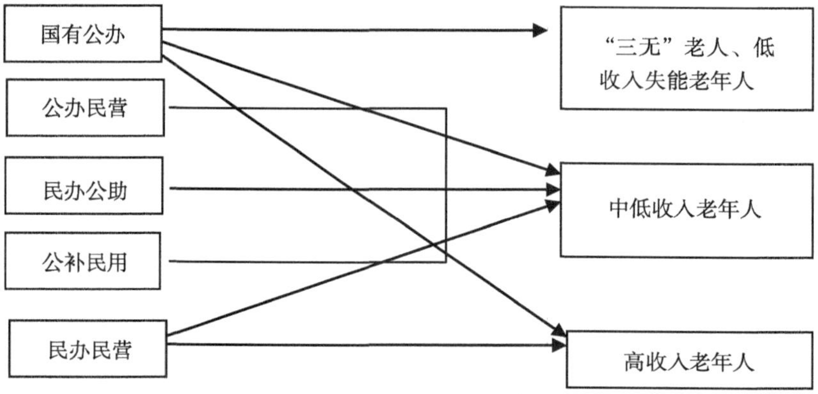

图 6-2　S 市养老服务机构提供服务的目标群体

总体而言，S 市养老机构相对于发达地区的养老机构，具有低成本优势。欠发达地区相对于发达地区在养老服务上的优势体现在：工资水平低，土地、住房、房租及一些生活必需品的价格不高；拥有丰富的自然资源和良好的宜居环境；在产业结构调整中可利用的土地、房舍等公共资源较多；在城镇化进程中，有相对巨大的社会存量资本、联系较紧密的社会关系网络；有待挖掘整合的社会养老服务潜力等等。这意味着欠发达地区只需要花较少的钱就能提供发达地区要花很多的钱才能解决的长期照护问题。在本次调研中，2012 年全国人均 GDP 为 38354 元，而 S 市仅为 21720 元。由于政府在养老服务业中进行了有效引导，充分发挥相对低成本优势发展养老服务业，尽管给予养老机构每张床位的建设补贴仅为 1000 元，但 S 市养老机构的床位达到了每千人近 35 张。而有的发达城市对民办养老机构的床位建设性补贴已经达到 2 万元~4 万元。由此可以看出，尽管欠发达地区养老服务受到资金不足的困扰，但因相对成本较低，投入也相对较少，从而使欠发达地区在破解养老服务之困中具有一定的优势。这是欠发达地区发展养老服务、缓解长期照护供需矛盾的重要条件。①

表 6-2　部分省份各类养老机构床位建设补贴费用

省份	实行时间	床位建设补贴（单位：元/张）	省份	实行时间	床位建设补贴（单位：元/张）
北京	2011	8 000~16 000	黑龙江	2011	1000
上海	2011	10 000	云南	2011	1000
天津	2011	10 000	甘肃	2012	5000

资料来源：各地民政局网站和政策文件。

① 施巍巍等．欠发达地区破解养老服务之困的路径选择与创新［J］．中国行政管理，2015（04）：94-98.

当然，因经济发展缓慢，市场化水平低，机构照护尚存在诸多问题，主要表现在：平等竞争的市场机制尚未建立起来；市场在资源配置中的决定性作用不强；失能半失能老年人最急需的社区内小型托老所，存在问题较多。这均需加大政策引导力度，进一步明确公办和民办养老机构在养老服务市场中的定位。

第三节　机构照护对老年人社会支持网络的影响

本书对5家机构中的42位老年人进行深度访谈。5家养老机构分别是SH福利院、XJ公寓、JH护理院、BC家园、JY福利院。就性别而言，42个案例中，男性有19位，女性有23位。就年龄而言，平均年龄为76岁，其中60~74岁之间的有16人；75~84岁的有18人；85岁以上的有8人。就失能程度而言，自我评价生活能够自理的老年人有25位，失能半失能的老年人有17位。就婚姻状况而言，有40位老人已婚。其中36位老年人属于已婚丧偶，有子女；1位老人已婚有配偶但无子女；3位老年人已婚有子女，其中两位与配偶共同入住养老机构；两位老人未婚无子女。

一、老年人选择机构照护的原因

通过对老年人深度访谈的内容进行分析，发现老年人选择机构照护及具体机构的原因主要有以下三种。

（一）长期照护需求因素

通过对老年人的深度访谈可以发现，长期照护需求是老年人入住机构的重要影响因素。对于生活能够自理的老年人而言，在进入机构以前，大多数是与配偶、子女共同居住，或者独居，由子女不定期进行照顾。由于这种子女照护是不定时的、间断性的，缺乏及时性和持续性，老年人认为进入照护机构可以解决照护的及时性、持续性问题。在深度访谈中发现，老年人虽然能够独立吃饭、穿脱衣服、洗澡、上厕所、参与室内活动，但买菜、做饭、打扫家务等日常自我照护活动仍无法独立完成，面临较大困难。这是生活能够自理的老年人选择机构照护的重要原因。

健康情况不太好，来这儿以前，我自己有房子。老伴去世很多年了，一直都是自己照顾自己，患脑栓塞后，虽然能够独立吃饭、穿衣什么的，但是做饭就有困难了，不想拖累儿女，就住过来了。

——摘自对老年人（C01）的深度访谈记录

调查还发现，老年人长期照护需求并不完全是因身体健康状况出现失能半失能的时候才产生的，而是在老年人自理能力逐渐弱化的过程中就产生了。因此，对长期照护需求的评估应更多体现在老年人日常生活中的自我照护能力上。仅仅局限在日常生活活动（Activity of Daily Living，ADL）① 能力的评估上是远远不够的。在从社区照护向机构照护的转换过程中，老年人更加需要的是有尊严的独立生活。为此，在分析选择机构照护的动因时我们发现，生活能够自理即 ADL 健全的老年人，往往是因为日常生活自我照护能力弱化，在买菜、做饭、打扫家务这些基本生活能力方面力不从心，而又不愿拖累子女、想独立生活才产生了进入机构的动机。

主要吃饭是问题，老伴岁数大了，买菜做饭干不动了，也不愿意干了。而且在家里没人照顾。我们也累了，上这儿来不但吃饭的问题解决了，而且还有人照顾。

——摘自对老年人（C15）的深度访谈记录

这里的环境再好，伙食没解决好，也不行。在这儿就和住旅馆一样，没有归属感，没有家的感觉。如果我自己能照顾自己，家里有人照顾就不来了，怎么也是自己家里好。

——摘自对老年人（C01）的深度访谈记录

由此可见，在对长期照护需求进行评估时，不能仅仅以 ADL 或者 IADL 作为量化标准，应该更多地对老年人日常生活活动中自我照护的能力进行评估，并适当扩大评估范围。例如 2006 年，日本在长期照护等级中就加入了预防照护服务级别，在衣食住行的需求中，将“是否有做饭能力”作为衡量标准，甚至考虑到男性与女性相比做饭能力较弱的特点，并且还在计划中加入了包括锻炼、牙齿保健以及其他的社区生活支持计划②，尽量延迟或者缩短了老年人进入养老机构或者需要护理服务的时间，但最终节省了大量的社会资源。

在被问及“如果社区中会提供小饭桌服务，是否愿意回社区”时，部分老年人表示愿意。这也在某种程度上说明，正式的居家照护服务供给不足时，会促使老年人产生选择机构照护的动机。如果能提供居家照护服务，将会减少对机构的依赖。针对老年人长期照护需求提供相关的服务，能够使社区照护和机构照护资源的分配更加合理、有效率。社区照护的服务供给内容如果可以满足老年人对社会照护的需求，这对尚未达到失能半失能程度但在自我照护方面存在困难的老年人来说，将是

① 主要的 ADLs 指标一般包括吃饭、穿衣、上厕所、室内走动、上下床和洗澡六项能力。

② Tsutsui T.，Muramatsu N. *Care-Needs Certification in the Long-Term Care Insurance System of Japan* [J]. American Geriatrics Society，2005（53）：522-527.

优化社会资源以及满足老年人偏好的较好选择。

而对于行动不便或已经失能半失能、自理困难的老年人来说，其所偏好的则是有医疗护理服务的养老机构。

> 我女儿出去旅游了一段时间，那段时间没人照顾，就送我到这里来了。上这儿来之后就没回去。后来她回来的时候，觉得这儿挺好，我觉得在这儿也行，生活也挺好的，岁数大了，有些毛病，这儿有医院能看病、治病，很方便。
>
> ——摘自对老年人（C19）的深度访谈记录

（二）家庭非正式社会支持中配偶因素分析

在所选取的样本中，除了 3 名老年人无子女，其他老年人均有 1 个或多个子女。子女工作或者照顾下一代等因素，使得有长期照护需求的老人往往无法得到较理想的照护。在调查中，选择机构照护的老年人在婚姻状况方面，42 名老年人中，36 位老年人已无配偶，两位老年人未婚，另有两位老人与配偶共同进入机构。在深度访谈中发现，丧偶后的老年人在失去自我照护能力后，老人与子女都会产生选择机构照护的愿望。这说明，配偶仍然是老年人居家照护中最重要的非正式社会支持者。

> 老伴去世了，房子就卖了，因为没有人照顾，就进了养老院。儿子、女儿都同意，女儿决定来的。
>
> ——摘自对老年人（C02）的深度访谈记录

> 以前老伴在，还好点儿，老伴去世了，又不与孩子一起住，平时她们既要伺候我送饭什么的，又要上班，两头忙，给她们添麻烦。来老年公寓以后呢，孩子也放心，我对这里也比较满意。
>
> ——摘自对老年人（C11）的深度访谈记录

（三）地缘关系因素分析

在机构选择方面，通过深度访谈发现，老年人往往会首先选择距离自己儿女或者自己原住房比较近的养老机构。

> 选这家机构，主要是离我闺女家近，如果我要是愿意吃点什么，我闺女就会送来，挺好的。
>
> ——摘自对老年人（C19）的深度访谈记录

这里离家又近，而且环境很好，设施齐全，服务也比较周到，大家都说好，所以就来了……觉得还挺好的，可以经常回家看看啊什么的……主要是这里离家近……

——摘自对老年人（C05）的深度访谈记录

你想，一下要到一个陌生的环境中，多少都有点儿不适应、不习惯。但是现在好多了，在养老院方便啊，管吃管住的，而且离家也近。

——摘自对老年人（C13）的深度访谈记录

老年人选择距离家近的养老机构，主要原因首先是希望与子女离得更近一些，使子女能够常来探望自己。在选择“距离自己家或子女家近的养老机构”的32位老年人中，其子女能够每周探望2次及以上的老年人有28位。其次，调查还发现老年人在选择机构地点时，也希望能够距离自己看病报销的定点医院近一点。方便就医也是老年人入住机构前所要考虑的重要因素。

因为医疗单位什么的都在这儿……原来住在XX外县，看病什么的都不方便。这里环境好，吃的住的也好，主要离医疗报销单位也比较近，比较方便。

——摘自对老年人（C12 ）的深度访谈记录

这个老年公寓的服务没有形成一条龙服务，就是你看整个老年机构里面没有医疗机构，我们看病，要到外面。

——摘自对老年人（C15）的深度访谈记录

老年人对机构照护具体地点的选择，说明即使入住机构，老年人仍然希望子女等非正式社会支持主体能够继续给自己提供帮助。因此，机构照护的建立更多地应该考虑地缘关系。而社区内的小型照护机构，更能有效联结正式与非正式社会支持主体。基于此，对于是否在郊区大量建设豪华、规模较大的养老机构应该持审慎的态度。在财政资金有限的情况下，相对于建立耗资巨大的大型老年服务中心、老年公寓等设施，更应优先考虑在社区内建立针对失能、半失能老年人的托老所。一所规模较大的老年服务中心，能够辐射接受服务的老年群体，大多只能在两公里范围以内，距离过远，行动不便的失能半失能老年人则很难享受到辐射服务。因为，社区托老所的地缘优势无疑可以更好地满足老年人的长期照护需求。

老年人长期照护需求的特点也决定了在选择机构方面，对医疗护理设施的要求较高。在本次调查中我们发现，老年人自我照护能力不同，导致对长期照护的需求也不同，失能程度越严重，对照护机构医疗护理水平的要求越高。而生活能够自理的老年人，相对而言，对机构中精神娱乐等方面的要求高。医疗护理与照护服务在我国分属卫计委部门和民政部门管理和实施。在很多养老机构中，因无法配备符合要求的医护人员，而不具备提供医疗护理的能力。老年人长期照护需求的特点要求卫生部门和民政部门要对资源进行有效协调。

二、选择机构照护的老年人社会支持网络特点

（一）经济支持网络特点

在所调研的选择机构照护的老年人中，在经济收入方面，主要依赖于养老金；在支出方面，占收入比重较大的两项支出是入住养老机构的费用和医药费用。有两位“三无”老人是由国家供养，无须缴费。在所调查的样本中，42位老年人均表示无论身体健康程度如何，医药费用或者营养品费用都已成为其生活中最重要的一项支出。

在被问及“如果经济上需要一大笔钱，或者经济入不敷出时会向谁借钱”时，子女仍然是老年人的首选。在40位已婚老年人中，有28位老人认为自己会选择向子女借钱，其中有20位老人表示首选是向儿子借钱，5位老人表示可以考虑向自己的兄弟姐妹借钱；另有12位老人表示无须借钱。两位未婚无子女老人表示会向政府或者养老机构的院长求助。这一结果与第五章中所调查的社区老年人的经济支持网络特点相似，说明老年人进入机构后，在经济支持方面的社会支持网络成员并未发生根本性改变，仍然是与其有血缘关系的子女。老年人中的最弱势群体即低收入的贫困老年人，在经济上遇到困境时，会寻求正式社会支持主体的帮助。

（二）情感支持网络特点

通过对老年人的深度访谈发现，尽管老年人在养老机构内会结识新的社会交往网络成员，但是社会交往的网络规模并不等同于情感支持网络规模。研究发现，老年人进入机构后，若遇到问题可以倾诉的情感支持网络成员数量相较于进入机构之前，会有明显减少。42位老年人中，有38位老年人表示，自己进入机构后，与之前能够倾诉交流的亲戚、朋友之间的交往频次明显减少。有18位老年人表示，在机构中结识了4~6名新的交往成员；15位老年人表示，仅与室友1~2人有交往；9位老人表示，不愿意与其他人有过多交往，只希望子女或者相关亲属探望。

> 目前与1名老人同住，这样就挺好。我们不怎么说话，现在和其他人没有什么来往，都是自己活动；进入养老机构以前，经常来往的有邻居、同学、同事，有10多个。
>
> ——摘自对老年人（C01）的深度访谈记录

我现在是三个人一个屋，我觉得现在还行吧。就偶尔和她们聊聊天什么的，其他的人不熟悉，所以也不聊天……在以前还没进养老院的时候，认识交往的人有很多啊，大多都是亲戚啊、朋友啊、邻居啊。

——摘自对老年人（C05）的深度访谈记录

社会交往网络总体规模的缩小，也在一定程度上说明了为什么老年人偏好居家照护。机构照护虽然在某种程度上缓解了老年人自我照护的困境问题，但是弱化了老年人非正式社会支持网络中的情感支持网络规模，导致情感资源的流失，无法完全满足老年人精神方面的需求。

在被问及“遇到生活中的困难，有事情需要找人商量求助时，会找谁商量”这一问题时，42 位老人中，有 34 位老年人首选子女；有配偶的 1 位老人表示首选配偶，其次是子女；有 5 位老人表示首选护工，其次选择子女；有 3 位老人表示首选室友。这一结果与社区老人的情感支持网络构成有较大关系。相较于近似网络成员即非血缘关系的保姆，室友与护工的情感支持对于社区内老人的重要性明显上升。这表明，在老年人进入机构后，地缘关系影响交往频率，而且往往成为老年人决定是否寻求情感支持的重要因素。而室友、护工作为共同居住或者每日见面频率最高的社会网络成员，在与有血缘关系的子女见面频率降低的情况下，容易替代子女成为老年人重要的情感支持网络成员。

（三）短期护理支持网络与长期护理支持网络的特点

当老年人被问及“如果生病后，需要短期护理，可以找谁”时，在 23 位生活可以自理的老年人中，有 17 位老年人希望子女可以作为首选的照护者，有 6 位老年人希望护工可以成为自己的首选照护者。在 17 位生活不能自理、失能半失能的老年人中，有 10 位老年人认为子女可以成为自己的短期护理者，7 位老年人认为只有护工能够照护自己。另外两位未婚无子女的老年人认为，只有福利院中的工作人员可以成为首选照护者。

生活不能自理时，如果是短期的，还是希望孩子来照顾，这里的护工哪有自己儿女照顾得周到啊。

——摘自对老年人（C14）的深度访谈记录

但是，当被问及“如果生活不能自理，需要长期护理，能够找谁”时，17 位有子女但生活不能自理的失能半失能老年人选择护工作为照顾者。其中有 15 位老年人认为，护工非常专业，有担当，可托付。但在 23 位生活可以自理的老年人中，选择护工的老年人比例没有明显上升，其中有 15 位老年人选择回到家中，由子女照顾，他们认为目前在机构中养老，只是暂时的；另有 8 位老年人选择养老机构作为自己的归宿。这表明老年人在身体真正出现失能半失能状况时，虽然偏好于子女照顾，但是已经不再抱有太高期望值，相对更加理性地接受由护工提供长期照护；而生活能够自理的老年人，在选择照护方式方面，还存在重回社区的期望。两位未婚无子女的老年人仍然认为，只有福利院中的工作人员可以成为首选照护者。

如果有一天我不能动了，我还得回家，让我儿子照顾我，还是在家里舒服。

——摘自对老年人（C01）的深度访谈记录

现在，养老院的好多服务很细，需要收费，服务很好的，但我们没太多钱，买不到想要的服务，所以内心还是不太想到养老院来……看情况吧，以后会有什么变数，以后的事情以后再说吧，先把现在过好就可以了，还是子女照顾得好。

——摘自对老年人（C05）的深度访谈记录

虽然在经济支持网络中，选择向子女借钱的老年人更倾向于选择儿子作为经济支持者，但是在涉及自己需要短期护理或者长期护理时，选择女儿作为照护者的老年人明显增多。

如果生病了，我还是要选择女儿，不要儿子照顾我，你以后有孩子了会发现，其实还是女儿贴心、省心，女儿可以帮父母做的事情有很多，儿子在细心方面不如女儿。我的小女儿住得又太远了，只能是我的大女儿了。

——摘自对老年人（C06）的深度访谈记录

小　结

在以往的研究中，比较注重对某一种养老模式进行研究，如对老年人非正式社会支持所做的研究（贺寨平，2004）。也有学者对老年人入住养老机构的需求因素进行研究，如吴敏（2011：66）发现，老年人的子女数、健康状况、养老机构距离社区的远近以及老年人对养老机构的了解程度，对于老年人入住养老机构的意愿有非常重要的影响。超过4000名网友参加的调查数据显示：希望将来入住养老机构的老年人占24.5%，远高于政府所预期的4%；选择依托社区居家养老的占53.3%，明显低于政府所预期的90%。[①] 罗佩思（2004）借鉴了李卓伦提出的健康信念模式，对老年人使用居家养老服务模式时的因素进行分析，认为个人使用福利服务并不是产生需求后就立即行动，有三个健康行为的决定因素会影响老年人产生使用居家养老服务的行为：个人对于疾病所认知的“罹患性”及“严重性”的主观判断，对采取行动的利益与障碍所做出的评估以及行动的线索（转引自李颖奕，2010），是个人对于自身条件、收益等做出主观判断后所做的选择。但是这一模式也忽略了一个重要的因素，即正式社会支持体系中，居家照护与机构照护资源之间的分配，对老年人养老模式选择有一定影响。政府不能忽视居家照护与机构照护之间存在的挤出效应，居家照护的供给是否完善，会直接影响老年人对机构照护的需求导向。如果社区能够提供较为完善的居家照护，使老年人能够在家中养老，那么机构照护的需求量也会相应地下降。

分析发现，在选择机构照护的老年人中，他们并不完全认为机构养老是自己最偏好的选择。老年人在身体尚未达到失能半失能程度时，往往由于居家照护的缺失，而无奈选择机构照护。与此同时，社会支持网络也会随之变化，主要表现在非正式社会支持网络在情感支持、短期护理和长期护理支持中的作用进一步被削弱。

随着老年人口比例的增加，老年人的消费在我国社会总消费中的占比也将大幅度上升。这无疑会改变社会的消费结构。同时，政策对于社会资金的引入作用，也将影响正式社会服务供给模式，从而影响老年人长期照护模式以及老年人的消费倾向。因此，应当针对不同群体提供不同的照护方式，合理引导老年人的消费，以达到照护服务资源的最优配置。政府应当根据老年个体的消费倾向和实际选择之间的差距，调整政策，确保老年人可及性地选择福利优化的养老模式。

---

① 傅莎莎．北京进入中度老龄化社会，将研究十点养老护理保险［N］．新京报，2010-11-20.

第七章 构建老年人长期照护制度体系①

第一节 老年人长期照护社会支持网络的主体分析

综合以上章节的分析可以发现，老年人作为理性消费者对于非正式社会支持主体和正式社会支持主体的选择，主要基于自身条件、收入，并结合非正式社会支持和正式社会支持的供给来决定，并非完全依据自身的需求。在对正式社会支持体系养老模式的选择中，即选择居家照护模式还是机构照护模式，正式社会支持供给的充足性以及老年人自身所拥有的社会支持网络资源是决定性的制约因素，选择存在客观影响因素，而未能体现老年人的真正主观偏好。因此，迫切需要在老年人需求基础上，协调好二者之间的关系，形成最佳组合，以优化资源配置，提高社会长期照护资源的利用效率，满足老年人的需求。

一、社会支持网络主体之间的关系

正式社会支持主体与非正式社会支持主体之间的关系，一般被认为是既有互补作用，也有替代效应。但是研究发现，在供给无效或者供给不足的情况下，二者之间既没有形成互补关系，也尚未形成替代关系以产生挤出效应。

历史和现实表明，当以家庭为核心的非正式社会支持网络健全、功能强大，能够为老年人提供长期照护支持时，可以减少失能半失能老年人对正式社会支持的需求而降低社会支持的成本，节省大量社会资源。这从理论和实践上启示我们，老年人长期照护制度体系的建设，应建立在以家庭为核心的非正式社会支持

① 本章部分内容已发表于施巍巍等．欠发达地区破解养老服务之困的路径选择与创新［J］．中国行政管理，2015（04）：94-98；施巍巍等．福利经济学视角下老年人养老方式的选择决策及影响因素分析［J］．学习与探索，2015（02）：40-46；施巍巍等．欠发达城市养老服务问题研究［J］．老龄科学研究，2014（08）：34-43.

网络基础之上，并应注重强化、扩大老年人非正式社会支持网络的养老功能。而当正式社会支持起配合补充作用时，二者易形成最佳组合，提高照护效能，这有利于优化照护资源，减少浪费。

目前我国满足老年人长期照护需求的机构供给不足，导致正式社会支持网络主体并未与非正式社会支持网络主体之间形成有效的互补或者替代的关系。根据中国老龄科学研究中心的三次调查数据，中国失能老年人愿意入住养老机构的比例为 16.6%，即有 597.6 万失能老年人要求入住养老机构，但目前养护型养老床位严重不足；而民办养老机构中仅有 15%左右的养老机构能提供“康复护理”服务，远远不能满足失能老年人的长期护理需求。① 这一问题在所调研的 S 市中同样存在，尽管 S 市机构养老的床位达到了每千人近 35 张，但其中接收失能半失能老年人的照护机构数量仍然严重不足，具有医疗性质的护理院仅有两所，其他个人兴办的社区托老所质量又参差不齐。部分社区中的民办养老机构由于消防等设施质量不过关而没有获得民政部门认可。因此，相对于该市 13.6 万失能半失能老年人而言，养老机构的供给明显不足。失能半失能老年人在选择照护模式方面，机构养老模式对家庭养老模式并未真正发挥替代或者补充作用。

居家照护服务供给不足，使得正式社会支持网络主体与非正式社会支持网络主体之间也未形成有效的互补关系。我国家庭养老的功能随着家庭规模小型化的发展而日益弱化，正在消解着中国传统家庭养老模式的客观基础，增加了老年人对社会养老尤其是长期照护居家养老模式的依赖性。而居家照护的供给不足，使老年人对长期照护的需求在市场中并未真正反映出来。从本书的数据分析中可以看出，老年人在“身体需要人照顾时”所需要的社会支持中，非正式支持的网络规模都相对较小和不足。与老年人长期照护相关的社会支持网的各子网规模不超过 3 人的占比均为 60%以上。这一类社会支持网络的网络成员少、网络规模小的结果说明如果没有社会力量支持，家庭难以胜任。现实使老年人的养老观念也处于转变的过程中。在深度访谈中，老年人对子女的期望值已经明显下降。由于子女不在身边以及子女较少，“养儿防老”的不确定性凸显。而当老年人求助于居家养老模式需求不能得到满足时，会被迫将机构养老变成首选。但若将社区内养老机构与社区外养老机构分列为两个选项时，老年人选择照护机构的取向会出现很大变化。调研数据显示，假设身体无法自理时，选择社区内托老所的老年人的比例为 25.6%，而选择社区外机构养老的比例仅为 13.8%。这说明，家庭仍然是老年人难以割舍的理想照护之所，为尽量获得家庭的支持，在居家照护无法满足需求的客观条件下，与家庭的远近是老年人选择照护机构的重要参照系。

---

① 2013 中国老年人口将突破两亿劳动年龄人口负增长［EB/OL］. 北京晚报，2013-02-27［2015-01-8］. http：//www.zj.xinhuanet.com/newscenter/InAndAbroad/2013-02/27/c_ 114824039.htm.

老年人只有在自我支持和非正式社会网络支持都不足的情况下，才会被迫选择机构养老。而本应重点承担重度失能老年人照护的机构对于非正式社会支持网络的替代又严重不足，从而使得轻度失能又偏好居家照护的老年人被迫选择了机构养老。这种替代造成了资源的浪费与无效配置，无法使正式与非正式社会支持网络形成有效的合力和良性的互补关系。同时，老年人消费能力不足，还导致老年人长期照护模式选择的有限性，使得养老服务市场出现失灵。这在一定程度上造成了老年人适宜选择和实际选择的落差，使老年人的长期照护需求难以得到满足，而长期照护资源也并未得到最优配置。所以，在老年人的长期照护需求因现有供给不足未得到正确反映时，应依据老年人的需求进行相关政策的调整，以实现国家主导的再分配。

在长期照护服务市场上，要想真正实现资源优化配置，政府无论是通过相应的优惠政策补给供方，还是通过补贴、购买服务等方式补给需方，都需要尊重老年人的消费选择权，并扩大老年人对居家照护和机构照护的选择权。面对居家照护、社区照护和机构照护三种模式，如果单一针对其中一项给予优惠鼓励政策，均会使照护模式的发展失衡，而削弱老年人的选择权，会造成失能老年人照护模式选择的被迫性。居家照护无论是基于老年人偏好，还是从政府节省财政支出的角度及市场资源优化配置的角度考虑，都可以在某种程度上对非正式社会支持网络的主体形成有益补充，既可以缓解我国未来人口老龄化的风险，也可以释放养老服务市场的巨大潜力。因此，居家照护供给不足，将导致老年人养老偏好方式的扭曲以及养老资源的浪费。

二、依据长期照护需求，寻求照护主体的最佳组合

发达国家在建立长期照护制度的过程中，非常注重对老年人失能半失能等相关数据信息进行统计分析，以便更好地制定相关政策，有针对性地提供长期照护服务。如日本，对长期照护服务的准入标准主要由认定和评估两部分构成。而评估失能等级的基础就是根据统计的老年人信息，判定老年人属于长期照护保险中 6 个等级中的哪一类（施巍巍，2012）。我国在构建老年人长期照护服务体系的过程中，也应以老年人的需求分析为依据，规划居家照护和机构照护的数量、规模和布局，以提高长期照护资源的利用效率。因而，建立老年信息数据平台便是关键，也是社会养老服务体系建设“十二五”规划中提出的要求。即加快建立老年信息数据平台，为调整居家照护和机构照护的布局数量比例，调整供养型、养护型和医护型的养老机构规模比例提供科学依据。可以通过调查分析居家照护和机构照护的可及性、便利性以及老年人的自理能力、经济收入等信息，确定各影响因素的权重，构建老年人的效用评估指标，最终确定本地区居家照护和机构照护“适宜人群”的类

型、数量。在科学评估老年人需求的基础上，预测短期、中期和长期内“适宜选择”的老年群体的发展趋势，再根据当前居家照护和机构照护的供给能力，调整目前居家照护和机构照护的数量、规模和布局，并对居家照护和机构照护的未来发展进行合理规划，防止有限照护资源的浪费。目前，我国各省份均遵循上海和北京“9037”或者“9064”的分配比例对居家照护和机构照护的资源进行指导配置，但是其合理性仍有待深入研究。各地区老龄化程度以及失能半失能老年人的情况不同，更应该根据本地区老年人的需求，规划本地长期照护资源的配置。例如，根据《2012年上海市老年人口和老龄事业监测统计信息》统计数据，上海全市户籍人口1426.93万人，60岁及以上老年人口367.32万人，占总人口的25.7%；① 北京逾1200万户籍人口中，60岁及以上老人占近20%；② 而所调研的S市的人口老龄化占比为14%。相应地，各个城市中失能半失能或者空巢家庭的老年人人数也各不相同，所以不能简单地将“9073”或“9064”的比例作为长期照护资源配置的依据。

三、发挥非正式社会支持网络优势，降低社会照护成本

现代社会中父母与子女两地分离，家庭少子化、小型化，缩小了老年人非正式社会支持网络的规模，弱化了家庭养老功能，但并没有动摇家庭养老的基础性地位，家庭养老仍然具有简单、高效、低成本、安全性高的特点，符合老年人偏好。完善居家照护服务网络重在重塑、扩大老年人非正式社会支持网络，提高其为老服务的能力。因此，政府应当重点引导适合于居家养老的“最优类型”③ 和“临界类型”④ 的老年群体选择居家照护。对于机构照护中的大多数老年人，只有在不能自我照护或者配偶、子女不能及时给予照护支持时，才会选择机构照护。考虑到机构照护的运营成本较高，其需求主体主要是失能半失能、丧偶和子女不在身边的老年人，政府应当重点建设供养医护和护理型的照护机构。主要吸纳适合于机构照护的“最优类型”⑤ 老年群体。

政府除了对正式社会支持体系的长期照护模式进行调整，更应对非正式社会支持者给予支持，以便鼓励老年人在家中养老。对家中有老年人，子女、亲属有固定

① 上海市老龄化状况最严重［EB/OL］. 中国网，2014－05－14［2015－01－22］. http://www.yinhang.com/a_2014_0514_220716.html.

② 北京户籍人口老龄化远超全国均值［EB/OL］. 财新网，2012－10－24［2015－01－22］http://china.caixin.com/2012-10-24/100451601.html.

③ “最适宜选择居家养老的个体”，即能自理、儿女有照顾时间、年龄低、和配偶同住、具有传统的养老思想观念、收入水平低的老人，住房条件好、独立生活的尊严感不强的老年人。

④ “临界类型”的老年个体，即居家养老效用等于机构养老效用的老年人。

⑤ “最适宜选择机构养老的个体”，即半自理或不能自理、儿女没有照顾时间、高龄、丧偶、具有现代养老思想观念、收入高、住房条件差、独立生活的尊严感较强的老年人。

工作的家庭，老年人经评估需要专人照护的，应准许其子女带薪回家照护老年人；对子女、亲属无固定工作的家庭，视情况按等级给予老年人照护补贴，由子女、亲属照护既解决其经济困难又可缓解就业压力。补贴数量可依经济发展情况而定，循序渐进，由少到多。为鼓励子女、亲属与老年人一同生活，及时照护老年人，可通过购房、住房、减免税收、降低所得税的政策，增强家庭养老能力；社区退休职工多，长期居住在彼此熟悉的小区内相互了解、信任，形成了规模较大的人际关系网，易于人们之间建立互帮互助的支持关系，共享资源，为弥补因家庭子女或其他成员减少缺位导致的对老年人生活照护、精神慰藉支持不足，由社区组织建立老年人互助互帮小组或一对一结对，实行低龄帮高龄、生活互助，没困难的帮助有困难的。积极开辟老年人参与社会活动的渠道，创造老年人走出家门从事社会活动的条件。通过组织老年人开展有益活动，扩大其人际交往范围，使老年人精神愉悦，提高健康水平。

四、合理分工，主动担责，提高长期照护的实效性

构建和长期照护相关的社会支持网络，需要明确长期照护供给主体之间需要承担的责任，以防止将长期照护服务的责任单纯下移给家庭，或者简单地转移给社区，无论下移给哪一方，都不能真正缓解我国人口老龄化所带来的长期照护供需矛盾，还会由于老年人需求的复杂异质性牵涉诸多政府部门，导致主管部门不同程度地出现政策隔阂、互相掣肘的现象。

我国养老政策并未区分其政策含义是“由社区照护”还是“在社区照护”。若是“在社区照护”，即照护的主体并不一定是社区组织，而是更多强调政府、社区、家庭、非营利组织多元供给主体共同形成老年人的社会支持网络，并明确这些主体在老年人照护中的责任。同时，也不能因为老年人接受长期照护的地点建在社区内，就简单地将其解读为“由社区照护”，使更多的责任由家庭或者社区来承担。社区虽然是我国实施居家照护服务的主要供给平台和供给主体，但由于各社区的固有条件和基础不同，各社区的实施效果千差万别。如果社区没有稳定的筹资机制和运行机制，将长期照护更多维系在公益性志愿服务的基础上，则会导致服务缺乏稳定性、专业性和可持续性。日益增长的长期照护需求，使原有社区的人力和物力资源变得更加稀缺紧张而难以承受，更使政策的有效实施受到影响。针对上述情况，如果没有合理的解决措施，长期照护难以发展形成科学合理的长期照护制度体系。

从历史上看，英国于 20 世纪 50 年代提出过“社区照护”政策。但是在 20 世纪 80 年代，由于英国需要长期照护的人口数量增长、慢性疾病的发病率激增，长期照护需求和供给之间产生了照护“鸿沟”，造成了“被照护者、照护者和政府间

的冲突”（Walker，1997：196）。社区照护的理念已经由一种应对经济紧缩、节省照护支出、应对照护费用昂贵的危机管理方法，演变成由家庭照护和社区照护的政策，成为政府逃避责任的手段，从而违背了政策实施的初衷，成为完全以节省福利支出为目的的一种混合照护经济（转引自施巍巍，2012：62-65）。我国也需要警惕出现类似的政策解读，防止因各主体的职能界限不清，而导致将长期照护责任简单推给家庭和社区的现象发生。因此，亟须对社会支持网络中支持主体责任的边界进行界定。在长期照护中，社区的职责应是提供公益服务（部分）；组织管理（依据掌握的情况，组织相关部门人员对老年人进行服务评估，确定服务等级与经济援助标准）；引导协调（社会专业化服务机构进入社区向家庭提供服务，帮助指导供需双方达成协议）；监督维权（监督服务质量，协调供需，履行协议，维护老年人的消费权益）。

长期照护需求的基本因素就是身体失能程度，因此将身体健康状况作为重要的长期照护评估基本手段是非常有必要的。仅根据年龄实行普惠式津贴制度，将无法评估老年人的具体需求，容易造成目标瞄准机制的偏移。因此，长期照护服务第一维度的衡量标准应是身体失能程度。在我国尚未有条件实施长期照护社会保险的现状下，对于生活自理能力较弱的老年人，政府在筹资和服务输送过程中介入的程度，应引入二维评价标准，即对普通老年人实行援助性制度。老年人获得照护服务福利的门槛更多地依据经济收入和身体健康状况。因此，身体失能应该作为第一维度的根本因素加以考量。经济收入不应作为第一维度的衡量因素，而应该确定为第二维度。因为经济困难的老年人，身体上未必是失能的，而长期照护服务的供给必须建立在老年人有长期照护需求的基础上。只有在确定其失能级别后，才能引入经济收入和非正式社会支持网络作为第二维度。将经济收入作为第二维度，是因为相对贫困且身体健康的老年人在一定时期内没有长期照护需求，可以通过最低生活保障制度或者社会救助制度缓解其贫困，而非不加甄别地向老年人输送不符合需求的养老服务，从而使长期照护资源的配置更有效率、更公平。在构建社会支持的服务网络过程中，将非正式社会支持主体也作为考量标准中的第二维度。根据本书的研究结果，长期照护非正式社会支持网络规模的下降已经使长期照护成为一种社会风险，未来这种风险会随着人口老龄化峰值的到来而日益增长。将其视作第二维度而非第一维度的主要原因是，希望可以甄别出真正有长期照护需求但家中又无人照料的老年群体。

第一维度重在甄别出有长期照护需求的群体，强调资源配置的有效性；第二维度甄别的目的是要确定长期照护供给各方所承担的责任，分别享有长期照护的优惠政策，即反映出家庭、政府、市场、社区、社会组织在长期照护服务中各自不同的作用，这一维度更强调公平性。

五、构建老年人长期照护社会支持网络的理想模式

我国老年人正式社会支持照护体系需要建立在老年人的需求和非正式社会支持网络的基础上。有学者①认为在构建老年人社区照护服务网络中，可将服务提供者与服务接受者视为网络构成的节点，服务提供者与服务接受者之间互动的服务输送过程则是联结点的线。在各个服务提供者（服务资源）之间，为满足失能老人对社区照护服务的不同需求，形成了横向或者纵向的联结。因此，服务网络中的关系包含了节点与节点之间的直线联结（服务接受者与服务提供者）、线与线的纵向与横向联结（服务提供者对服务提供者，或者服务资源体系对服务资源体系），各部分借这些横向与纵向的联结关系而形成一个网状的服务网络。由此，构建老年人长期照护正式支持服务体系的过程，本身也是构建社会支持网络的过程。在构建正式支持照护网络的过程中，照护服务的核心始终是满足老年人的需求，正式社会支持主体可以被看作另一节点，正式社会支持网络的线便可被看作服务输送的过程，可以使服务提供者之间加强合作。正式支持服务体系中的供给者也分为两个维度，第一个维度为照护模式，即居家照护模式和机构照护模式；第二个维度为公办公营、公建民营、公助民营、社会组织的民办民营、民营组织的民办民营的长期照护服务供给主体的不同分类。在正式社会支持网络的供给主体中，第一维度需要依据身体失能情况，引导老年人选择照护模式。轻度失能可以依托非正式社会支持网络，尽量使其选择居家照护模式，并且需要考虑长期照护的连续性。若老年人的身体状况由轻度失能恶化为重度失能，应及时在两种长期照护模式之间进行转换。而在第二维度，需要将老年人的经济收入、非正式社会支持网络作为衡量标准，界定政府、市场、社会组织、家庭之间的界限。

参照国际上提供照护服务的给付原则，一般是根据被照护者的需求强度而定的。正常情况下，照护级别按需求强度进行分类，如在德国，如果服务强度小的被照护者的照护需求主要是指在个人饮食或日常行动方面，每日至少需要 1 次，1 周至少需要几次的服务；服务强度较大的被照护者的照护需求主要是指 1 天内至少需要 3 个不同的时段内的 3 次服务，每日至少 3 小时，并且 1 周至少需要几次家政服务；服务强度大的被照护者的照护需求是指被照护者需要日夜服务，并且 1 周至少需要几次家政服务（Schwanenflügel，2006；转引自施巍巍，2012：124）。目前，我国在构建和老年人长期照护相关的正式社会支持网络的过程中，也可以参照国际上的做法，制定长期照护标准，进行级别的分类，依据分类结果提供照护服务。

---

① 参见曾竹宁．失能老人社区照护服务网络构建之研究［D］．台湾东海大学博士论文．2001：44.

第二节　老年人长期照护制度体系的构建

一、强化扩大老年人社会支持网络，提高家庭照护能力

社会支持网络理论认为，人们之间的互助互动形成了一定规模和不同结构的社会关系网络。这种关系网络作为宝贵的社会资源，使人们能从中获得帮助和支持，以解决生活中遇到的问题和困难。研究表明，社会支持对老年人的身心健康、生活质量有着重要的促进作用，老年人的身体健康状况与其社会支持网络的大小成正比关系。当人们进入老年、行动不便时，在老年个体和社会因素的综合作用下，老年人社会活动将大量减少，与子女、亲属、邻里、朋友、熟人接触交往的频率将会降低，社会网络规模随之萎缩，可获得的社会支持性资源也将相应减少。老年人社会支持网络的弱化和不健全，导致他们缺乏可以寻求帮助的渠道，难以满足老年人的长期照护需求，影响了老年人的生活质量。随着我国人口老龄化的加剧，老年人长期照护的供需矛盾将进一步凸显。为此，应采取有力措施，调动多方力量，构建老年人长期照护社会支持网络。一是将老年人社会支持网络中能够为老年人提供非正式社会支持的各责任主体，即配偶、子女、亲属、朋友、邻里等纳入正式社会支持网络，即国家政策支持范围内。对提供照护支持的人员给予政策性补助，并无偿提供培训，以弥补照护人员缺乏照护知识和照护技能的短板，不断提高长期照护质量。支持鼓励家庭成员、亲属、朋友、邻里提供情感支持，以消除老年人的孤独感、恐惧感、无助感。同时，为提高老年人长期照护社会支持网络的效能，应加大对长期照护人员的关爱与支持力度。针对从事长期照护服务给个人身心、家庭生活带来的各方面影响，积极提供舒缓照护精神压力、喘息修整等减负环境，给予长期从事照护工作的人员适当奖励以调动其工作主动性。通过社区的作用为照护人员提供参与社会活动的机会，做自己喜欢的事情，以便精神饱满地投入到照护工作中。应大力支持子女回归老年人身边，通过共同生活给老年人以全方位的照护支持，鼓励老年人的亲属、朋友、邻里主动承担照护老年人的职责，以重塑、强化、扩大老年人非正式社会支持网络的规模，进一步挖掘社会网络中蕴含的长期照护资源。二是积极创造、重塑、强化、扩大老年人的社会支持网络，也就是积极支持老年人参与社会活动，以扩大老年人社会支持网络的规模，增强网络异质性，使老年人拥有更多的资源，从中获得更多的支持和帮助。如为老年人提供了解与学习日常生活、卫生保健、养育儿孙、法律等与老年人生活密切相关的常识或知识的机会，以更好地发挥老年人在家庭生活中的作用；为老年人提供健身、休闲、娱乐、旅游的机

会，使之增强体魄，保持良好的精神状态，心情舒畅；开展老年人之间的互帮互助活动，以便促进情感交流，增进友谊，共同克服生活中的困难；营造爱老、敬老、助老的社会氛围，使老年人生活上安心、照护上放心、情感上暖心等等。通过开展这些活动既可以增加老年人的人际交往，强化、扩大老年人社会支持网络规模，改变老年人社会支持网络结构，又可以提高老年人的素质，增强体质，提升抗衰老抗疾病的能力，延长老年人健康生命周期，压缩失能半失能周期。三是为强化和扩大老年人社会支持网络提供物质基础。这就要在社区内建设适宜老年人活动的休闲文化体育设施，提供良好的生活环境，提供开展活动的场所、场地并支持老年人参与社区管理，无偿、低偿向老年人开放社会上的各种文化、体育、科技、旅游等场馆、场地、设施，以拓展老年人的活动空间，使老年人在活动中开阔视野、陶冶情操，安度晚年。

二、发挥欠发达地区的相对优势，实现长期照护的超前发展

长期照护是联系家庭、政府和社会及市场的重要节点，是解决民生问题的重要突破口。尽管欠发达地区在发展养老服务中处于劣势，但只要善于抓住机遇、挖掘潜力、整合资源、创造条件，相对的劣势也可以转化为优势。

（一）越是欠发达地区，解决长期照护困局越不能等待观望

S市由于历史和现实的原因，提前进入老龄化社会，而且老年人口比例高于全国平均水平，这无疑加剧了长期照护供求矛盾。而欠发达城市养老服务基础薄弱，长期照护制度缺失，长期照护投入不足更加大了长期照护的社会风险，若处理不好还会形成恶性循环。但更重要的是，地方政府面对困局，要把握时机，看到欠发达城市在发展长期照护中并不是只能等待观望，它不但有着低成本等众多发展优势，而且还有着国家大力促进中西北部地区经济发展、加大公共服务投入力度、积极支持发展长期照护的良好环境；此外，还有着众多的发展机遇和可利用的发展环境，如国家大力促进中西部地区城镇化发展、体现公共服务均等化的政策导向；东部地区消费结构升级，长期照护成本提高，长期照护需求外溢的发展契机凸显；老年人追求长寿，向往山清水秀、环境适宜地区。如果不能看清形势和自身的优势，错过时机，就会积累更多的社会问题，抬高解决问题的成本，加大解决问题的难度，进一步拉大与发达城市的差距。S市的实践体现了相对成本理论和非均衡发展理论。证明面对严峻的养老服务形势，欠发达城市既不能回避，也不能等靠，而是必须从自身的实际出发，将欠发达城市在要素、禀赋、资源等方面的劣势转化为区位优势，千方百计挖掘社会、家庭中蕴藏的巨大养老潜力。在经济社会发展面临诸多困难的情况下，以集聚化手段，采取扶持的方式，

集中一部分财力，适当加大投入，迅速缓解长期照护服务供求矛盾，改善老年人生存环境，提高老年人生活质量。

（二）利用低成本优势，走出长期照护服务的困局

为走出长期照护服务的困局，欠发达地区应立足自我，以科学发展观为指导，认清本地区发展长期照护可依托的低成本优势，依据老年人口规模和长期照护的需求，合理制定发展规划。面对照护资金的不足，可以通过政策导向、财政投入的示范引导作用带动社会力量跟进；可采取政策优惠，用提供配套资金、降低准入门槛、合理补偿的办法引入发达地区资金和外资。如为解决长期照护的供求矛盾，可以运用政策杠杆、市场机制培育社区、家庭、社会组织、企业多元长期照护供给主体，形成发展长期照护的社会合力；如为满足老年人的多样化服务需求，在大力发展“以居家为基础，社区为依托，机构为补充”的长期照护格局的同时，既发展供养型、养护型的养老机构，也发展康复型、医护型、保健型等功能不同、特点各异，能满足不同层次需求的养老机构。为增强可持续发展后劲，还可以利用我国长期照护产品需求与长期照护产业之间的巨大差异，利用我国长期照护产业刚刚起步的有利时机，用国际视野抢抓机遇，以低成本优势，瞄准老年人最迫切、最常用、最需要的老龄产品，搞好调研，细分市场，实施积极的产业政策，用创新的办法，生产集众多老年同类产品的优势于一身、集众多先进技术于一身的优质拳头产品；大力引进国内外老年产品、资金、技术、设备、企业发展养老产业；以市场为主导，以国家宏观调控为推力，积极打造养老产业集群，扩大就业，形成有特色的养老产业带；用发达地区无法比拟的生产成本，生产物美价廉的先进产品打入国内养老市场，同时开拓国际市场，使之成为振兴欠发达地区经济的重要增长极。

（三）发挥后发优势，推动长期照护服务发展

欠发达地区有着资源环境、人力、成本、政策等诸多后发优势。如欠发达城市及地区地域辽阔，土地资源丰富，产业转移承接能力强，市场发展空间大，有一定的发展后劲。在转变经济发展方式的背景下，我国新型城镇化是以“城乡统筹、城乡一体、产城互动、节约集约、生态宜居、和谐发展”为基本特征的城镇化，随着我国新一轮国有企业改革进入攻坚阶段，大量国有企业职工转岗、下岗、再上岗，在一定程度上为缓解长期照护人力资源的短缺提供了条件。加之，全国陆续有大量农业人口转入城镇，这些都为欠发达地区的长期照护服务发展带来了巨大契机，提供了难得的发展机遇。在推进城镇化建设和新农村建设过程中，土地稀缺，土地进入市场后可合法交易；居住地农村逐步转为城市，农民转为市民；特别是新农村建设中撤村并村，大量农村用地、公用地及宅基地结余，城市用地、公用设施的调整

或再建，为引入社会力量集约化经营创造了条件。土地的出租入股等灵活多样经营形式的出现，必将壮大城镇乡村的经济实力，使其有条件建设公共基础设施，提高社区长期照护能力，增加服务功能。随着人们收入水平的稳步提高，老年人的支付能力也会逐步提高，形成长期照护市场发展的推动力，刺激长期照护的发展，其结果必然使长期照护由供求紧张、低水平、低层次的基本生活照料向健康服务、精神享乐、紧急救助等方面升级，并形成一种良性循环。同时，城镇化中现代社会服务链向社区延伸，使欠发达城市可以在长期照护基础设施建设、老年商品的生产、各项养老制度、政策的选择、城镇规划建设等方面利用发展的滞后性，借鉴吸取国内外的先进经验与教训，有比较、有选择地吸收其先进合理的成果、规划，建设长期照护服务网络、制度体系和产业集群，以有效降低失误成本。因而，在发展长期照护中有着巨大的后发优势。如在城镇化进程中，将长期照护产业的发展纳入城镇总体规划、社区建设工作计划，使其与城镇化发展同步，让城镇化建设发展为其提供良好的环境。同时，长期照护服务的发展有助于带动城市经济，激发市场活力，为城市发展注入动力。利用当地优美的自然风光、适宜的居住条件、较低的生活成本，发展规模适度的、有一定服务档次的、具有保健休闲特点的照护服务机构，以吸引发达地区老年人来养老，用所得收入反哺照护服务业，不失为后发优势的一项政策选择。

三、发挥政府主导作用，推进长期照护服务的发展

（一）以政策为杠杆，发挥政府在长期照护中的主导作用

政策是政府行为载体，具有引导、规范、放大作用。坚持将长期照护工作摆到党委和政府的重要议事日程上，组成强有力的办事协调机构，做到明确分工、细化责任，项目到人头，规定完成任务的时限，逐条逐项抓落实。如为解决照护行业标准缺失、管理不规范的问题，发挥政府的管理监督职能，对社会养老机构实施星级化动态管理，对工作达标、老年人满意率高的照护机构给予一定的补贴，从而推动照护机构走上健康发展轨道。S 市的实践启示我们，养老服务作为福利性的准公共领域，在历史欠账多、解决难度大的欠发达城市，政府应将重心放在总体布局、政策制定、市场规范管理和服务等级质量的评估与监督上。实践证明，政府在加大投入、挖掘社会潜力、引入市场机制、优化整合资源、管理监督等方面有着较大的能力释放空间。我国养老服务政策的推进主要是政府主导，只有依赖于政府的强力推进，才能够在人口老龄化峰值到来以前，在较短的时间内合理配置资源。但是政府的主导作用，并非意味着所有的养老服务都由政府承担。政府需要承担的责任是搞好顶层设计、规划全局，通过政策调节缓解需方和供给方的矛盾，推动养老产业的

发展（参见图 7-1）。

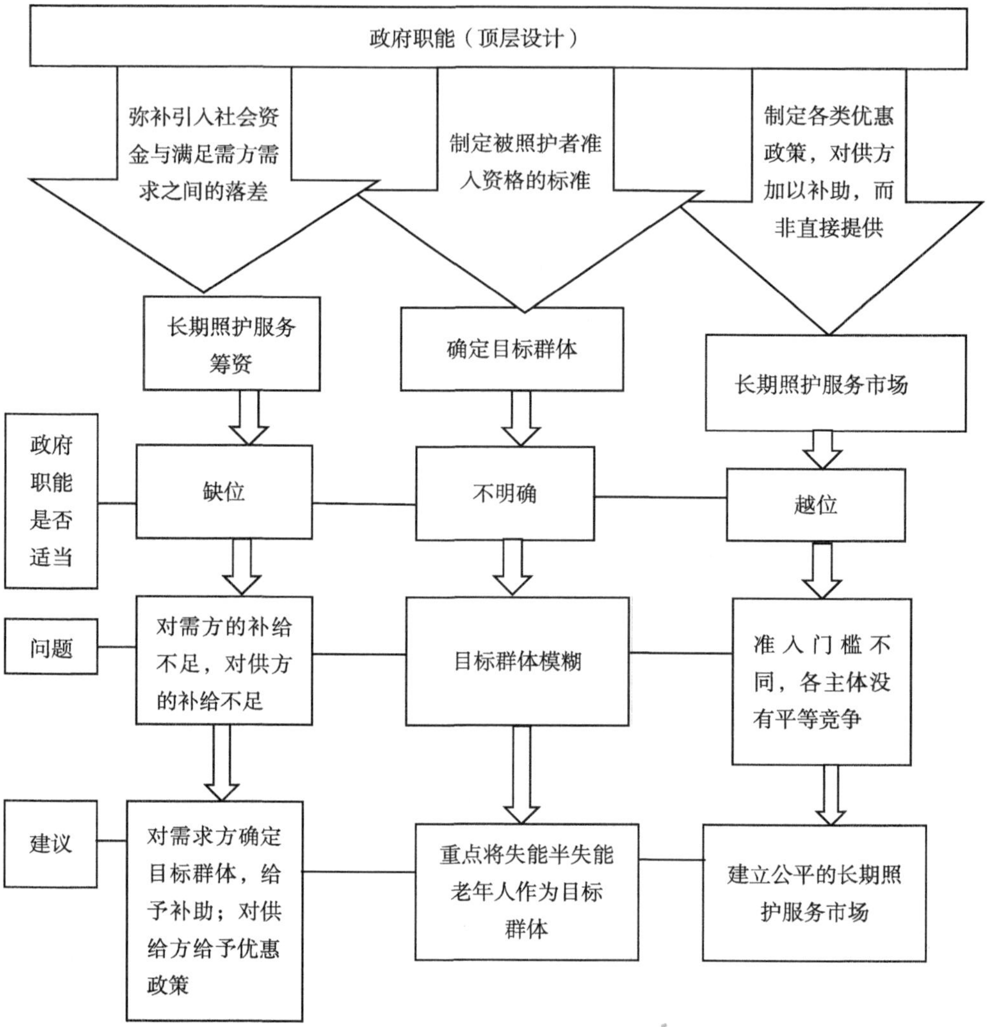

图 7-1　政府在长期照护服务中的职能

（二）合理利用资源，使不同照护模式优势互补

长期照护需求具有复杂、异质、连续性的特点，要求全社会要形成合力，充分发挥家庭、社区、机构照护三种模式在长期照护服务中的作用，满足不同的需求。建立完整持续的长期照护体系实际上需要将三类照护模式整合成一个连续性的服务网络，需要依据长期照护的需求层级提供不同的照护模式，从而达到向老年人提供具有可持续性的长期照护服务的目的（施巍巍，2012），形成非正式社会支持网络

与正式社会支持网络的最佳组合。大量实证表明，居家照护对有一定自理能力和行动不便的老年人适用，而社区照护对半失能和需要一定程度的专业化服务的老年人适用。机构照护则更适用于重度失能老年人。由于机构照护配备了居家照护所不具有的专业的护理人员和医疗设施器械，对于需要医疗护理的重度失能老年人有着非常明显的优势。S 市的 JH 医院和 CX 托老所目前都处于供不应求的状态。家庭和社区还无法替代这一类照护机构的功能。因此，对于重度失能老年人及其家庭而言，机构照护是比较好的选择。而居家和社区照护模式主要是满足老年人的偏好，向失能程度较轻的老年人就近提供长期照护服务，更多属于社会化照护类型。由于没有接受过专业化培训的人员也可以完成对老年人的社会支持，所以居家和社区照护简便灵活、普及性强。老年人在患病后，身体往往是由自理向半失能、失能发展，是一个连续或者间歇的过程，其所需要的也是一个间歇式连续的服务过程。在这一过程中，合理利用资源，使其发挥最佳效益，对失能程度的评估至关重要。这就需要建立老年人照护评级制度，视等级给予选择居家照护的老年人以实物或经济补助。

我国目前对于居家照护和机构照护之间的衔接和资源配置还没有进行有效干预。一方面，是由于机构照护与居家照护服务供给均不足，彼此之间尚未形成有效的连续、联结；另一方面，当前两种照护模式福利供给的目标群体有趋同性。接收失能老年人的有优势的机构照护供给不足。如在 S 市，三个超过 1000 张床位的养老机构即 SH 福利院、XJ 公寓、BC 家园中，除了公办的 SH 福利院接收部分失能老年人外，民办养老机构 XJ 公寓实际入住的老年人以自理老年人为主，BC 家园虽然拥有用于失能半失能护理的先进的医疗设备，但是由于价格高昂，空置率高，不利于对福利资源进行有效分配。在社区照护严重不足的现状下，老年人若轻度失能或者独居，原本居家照护能够满足其照护需求，也会被迫选择机构照护，导致老年人的需求和偏好没有真正得到满足。

（三）调整补贴政策，提高政策的公平性

我国处在养老服务社会化的发展初期，社会化养老服务是否可持续发展，在很大程度上取决于政府政策制度的科学性。科学合理的政策制度安排能推动个人和社会福利的优化，是养老福利增长和均衡的保证。政府对非营利养老服务机构实行税收优惠政策和财政补贴制度，有利于提高社会力量开办养老机构的积极性，有利于创造公平的制度环境，使公办与民办养老机构公平地享受建设补贴和奖惩淘汰式的运营补贴。当社会资本得到充分激活后，政府应在补贴方式或补贴对象上有所调整，如由老年人选择和评价确定奖惩性质的补贴政策逐步过渡到直接给老人经济补贴，以增加老年人对养老模式的选择权，减少个人主观限制因素；如适当调整供给方补贴政策，以防止养老机构降低效率和服务质量；用需求方的消费选择促进养老机构之间的竞争，促进资源优化配置和市场优胜劣汰；加大政府的监督检查力度，

确保服务质量。

四、推动健康积极老龄化，让老年人有尊严地生活

在欠发达地区，因人均收入不高，医疗卫生条件有限，贫困和疾病是对老年人最致命的威胁，短时间内就可能耗尽老年人和家庭艰苦奋斗积累的资金，并随时有返贫的危险。所以在欠发达地区更应大力开展以增强体质、预防疾病、延缓衰老为主要内容的健康老龄化（王金芳，2007）工作和以使健康、参与和保障的机会尽可能发挥最大效应为目标的积极老龄化①。一方面，通过在全社会推动开展健康系列活动，从外力促进老年人的身体健康，增强体魄，减少患病、失能概率；另一方面，鼓励支持老年人参与社会活动，采取教育、学习等方式为老年人充电，提高老年人在家庭社会中发挥作用的能力，充分体现老年人在享受社会福利、教育、就业等方面所具有的权利，更好地展示老年人的价值，赢得全社会的尊重，证明自己是宝贵的社会财富和优质的社会资源。通过这些活动，形成老年人与社会互动互助的良好局面，以形成更大的社会支持网络。这有助于提高老年人抗疾病、抗衰老的能力和自我照护的能力；有助于老年人参与社会生活，成为社会财富的继续创造者和贡献者；有助于老年人的身心健康，减少身体机能下降的风险；有助于家庭和睦、代际友好；有助于降低医疗和社会照护成本，节省个人开支，减少社会保障支出，提高社会活力。

五、促进养老服务与城市发展良性互动

坚持把养老服务的发展规划目标、机构布局、配套设施建设纳入城市社会发展总体规划、城市社区建设配套规划和财政规划及土地利用规划，以保证养老服务业的发展与城市发展同步，实现与城市发展的良性互动。实践证明，城市建设发展中对养老服务事业的大力度投入，不仅可以使养老服务事业的发展获得有力的支撑，为养老服务提供良好环境，而且养老服务事业的发展又带动了城市经济，提供了就业、刺激了消费，这些都为城市的发展注入了动力，创造了生机，从而提升了城市服务功能，改变了城市面貌，改善了投资环境。目前，S 市已经获得“中国绿色食品之都”“国家级旅游城市”“全国十佳优质生活城市”等多项标志城市面貌品位的桂冠。养老机构的发展还为下岗失业人员提供了就业岗位，拉动了餐饮、运输、医疗等相关产业的发展，带动 3 至 4 倍人员就业。② 案例城市的实践启示我们，发

---

① 该刊专题研究小组. 积极老龄化：从战略到行动［J］. 科技智囊，2011（10）：8-20+22.

② 民办养老机构成为养老重要载体［EB/OL］. S 市新闻网，2009-12-10［2012-12-19］. http：//qiqihar. dbw. cn/system/2009/12/10/052258050. shtml.

展养老服务事业的前提是投入，目的是使老年人幸福生活，标准是让老年人满意。发展养老服务事业，不断满足老年人的服务需求，提升老年人的生活质量，排除老年人的后顾之忧，会进一步提高老年人对未来的预期，刺激消费。实践证明，欠发达地区相对的低成本优势是发展养老服务事业的条件，在养老服务供需矛盾不断加剧的形势面前，欠发达地区没有必要等到经济富裕了之后再去解决养老难题。采取积极措施，完善老年人长期照护的社会支持网络及制度体系，是可以有效推动养老服务事业和地区经济发展的。

六、加强法制法规建设，为长期照护提供保证

法律、法规是老年人享有长期照护权利、获得全社会支持、确保有稳定的资金流、破解老年照护之困的必要保证。我国应加快制定完善有关长期照护的法律法规。为切实负起逐步缩小地区养老服务差距的责任，要制定全国长期照护服务的最低标准，明确人均服务标准和财政人均支出标准以及长期照护服务支出占各级财政支出的比重，以保证发展长期照护有稳定的财政支持。要制定量化的、可操作性的老年人卫生健康发展规划、老年人饮食质量发展规划等与老年人生活、卫生、健康、食品密切相关的发展规划和法律法规，有计划地提高全体老年人的生活水平和健康水平。在筹资体系上，近期可以建立目标瞄准机制，通过社会救助制度的兜底作用，保证失能和贫困老年群体的生活。同时，应对老年人长期照护保险制度进行试点，适当时机应在全国建立长期照护社会保险制度，稳定长期照护体系的筹资来源，使之成为我国养老保障的又一支柱。为缓解欠发达地区在长期照护服务方面财力不足的困境，应着眼于欠发达地区，从提高自我创新能力和可持续发展能力的角度出发，在人员培训、基础设施、照护补贴、环境改善方面，中央政府可以通过转移支付的形式加大向欠发达地区提供专项财政支持的力度、省级财政向本辖区内的欠发达地区财政加大转移支付力度等办法，减轻欠发达地区长期照护支出负担，以这种特殊形式体现二次分配的公平性。

参考文献

英文参考文献

1. Abel E. K. Adult Daughters and Care For the Elderly [J]. Feminist Studies, 1986 (03): 479-497.

2. Abernathy V. Social Network and Response to the Maternal Role [J]. International Journal of Sociology of the Family, 1973 (3): 86-92.

3. Alber, J. *The Debate About Long-term Care in Germany* [A]. Patrick Hennessy, Caring for Frail Elderly People: Policies in Evolution [C]. Paris: OECD, 1996: 261-278.

4. Barnes J. A. Class and Committees in a Norwegian Island Paris [J]. Human Relation, 1954 (07): 39-58.

5. Barrera M. & Ainlay S. L. The Structure of Social Support: A Conceptual and Empirical Analysis [J]. Journal of Community Psychology, 1983 (11): 133-143.

6. Blazer D. G. Social Support and Mortality in An Elderly Community Sample [J]. American Journal of Epidemiology, 1982 (115): 684-694.

7. Bradshaw J. The Concept of Social Need [J]. New Society, 1972 (3): 640-643.

8. Brody E. Long-term Care for Older People [M]. New York: Human Science Press, 1977: 6.

9. Campbell K. E., Lee, B. A. Name Generators in Surveys of Personal Networks [J]. Social Networks, 1991 (12): 203-221.

10. Cantor M. H., Little, V. Aging and Social Care [A] //Binstock, R. H., Shanas, E. Handbook of Aging and the Social Sciences [C]. New York: Van Nostrand Reinhold, 1985: 748-749.

11. Cassel J. The Contribution of the Social Environment to Host Resistance [J]. American Journal of Epidemiology, 104, 107-123.

12. Christina R. Victor. Community Care and Older People [M]. London: Stanley Thornes, 1997: 59.

13. Cohen S. , Makay G. Social Support, Stress and the Buffering Hypothesis: A Theoretical Analysis [J]. Handbook of Psychology and Health, 1984 (04) : 253-263.

14. Cohen S. & Willis, T. A. Stress, Social Support and Buffering Hypothesis [J]. Psychological Bulletin, 1985, 98: 310-357.

15. Cohen S. , Syme S. L. (Eds.). Social Support and Health [M]. New York: Academic Press, 1985.

16. Coy Jacquelyn S. , Paul J. Winn. Long-term Care—A Vital Product in an Evolving Environment [J]. Journal of the American Society, 1997 (5): 68.

17. Davey et al. , Davey A. , Patsios, D. Formal and Informal Community Care to Older Adults: Comparative Analysis of the United States and Great Britain [J]. Journal of Family and Economic, 1999, 20 (3): 271-299.

18. Denton M. The Linkages Between Informal and Formal Care of the Elderly [J]. Canadian Journal of Aging, 1997 (1): 17-37.

19. Dubuc N. Dubois MF, Raiche M. et al. Meeting the Home-care Needs of Disabled Older Persons Living in the Community: Does Integrated Services Delivery Make A Difference? [J]. BMC Geriatr, 2011, 26 (11): 67.

20. Esping-Andersen, G. Social Foundations of Postindustrial Economics [M]. Oxford: Oxford University Press. 1999.

21. Fischer C. S. Shavit, Y. , National Differences in Network Density: Israel and the United States [J]. Social Networks, 1995 (17): 129-145.

22. Fischer C. S. To Dwell Among Friends: Personal Networks in Town and City [M]. The University of Chicago Press, 1982.

23. Gottlieb B. Selecting and Planning Support Interventions [A] // S. Cohen, L. Underwood & B. Gotlieb (Eds.). Social Support Measurement and Intervention [C]. London: Oxford University Press, 2000: 195-220.

24. Granovetter R. The Strength of Weak Ties [J]. American Journal of Sociology, 1973 (78) : 1360-1380.

25. Wellman, B. &Wortley, S. Different Strokes From Folks: Community Ties and Social Support [J]. American Journal of Sociology, 96: 558-588.

26. Hlebec Valentina, Mrzel Maja, Kogovšek Tina. Social Support Network and Received Support at Stressful Events [J]. Metodoloski zeveki, 2009 (02): 155-171.

27. Hsung R. M. , Gender. Personal Network and Social Capital [A] // Paper Presented at the Conference on Survey Research in Chinese Societies: Methods and Findings [C]. Hong Kong, 1999. 27-28.

28. Jegermalm M. Support for Carers of Older People: the Roles of the Public and Voluntary Sectors in Sweden [J]. Social Policy and Administration, 2003 (7):

756–771.

29. Jorm A. E. , Henderson S. , Scott, R. , Mackinnon, A. J. , Korten, A. E. , Christensen H. The Disabled Elderly Living in the Community: Care Received Form Family and Formal Services [J]. The Medical Journal of Australia, 1993 (158): 383–388.

30. Karine Henchoz, Stefano Cavali, Myrian Girardin, et al. Health Perception and Health Status in Advanced Age: A Paradox of Association [J]. Journal of Aging Studies, 2008 (08): 1–9.

31. Kinney, Jennifer M. Home Care andCaregiving [A] // James E. Birren, Encyclopedia of Gerontology [C]. San Diego: Academic Press, 1996: 667–668.

32. Lau S. K. Chinese Familism in An Urban–Industrial Setting: The Case of Hong Kong [J]. Journal of Marriage and the Family, 1981 (43): 977–992.

33. Lee R. P. L. , Ruan b , Gina La. Social Structure and Support Networks in Beijing and Hong Kong [J]. Social Networks, 2005 (27): 249–274.

34. Leichsenring K. , Roth G. , Wolf M. , Sissouras, A. Introductions: Moments of Truth: An Overview of Pathways to Integration and Better Quality in Long–term Care [A] //Billings, J. , Leichsenring, K. , Hants, A. Integrating Health and Social Care Services for Older Person: Evidence from Nine European Countries [C]. Burlington: Ashgate, 2005.

35. Lin Nan. Social Support, Life Events and Depression [M]. FL: Academic Press, 1986: 28.

36. Lin N. Modeling the Effects of Social Support [A] // P. Marden & N. Lin (Eds.), Social Structure and Network Analysis [C]. Beverly Hills, CA: Sage. 1986.

37. Marifran Mattson. Health as Communication Nexus: A Service Learning Approach [M]. Kendall/Hunt Publishing Company, 2011.

38. Marsden P. V. Core Discussion Networks of Americans [J]. American Sociological Review, 1987 (52): 122–131.

39. Marsden P. V. , Lin, N. (Eds.). Social Structure and Network Analysis [M]. Beverly Hills. 1982.

40. Miehael R. , & Berit, 1. D. The Costs and Rewards of Caregiving Among Aging Spouses and Adult Children [J]. Family Relations, 2014: 53, 317–325.

41. Mills J. & Clark M. Exchange and Communal Relationships [A] // L. Wheeler (Ed.), Review of Personality and Social Psychology [C]. Beverly Hills, CA: Sage. 1982: 3.

42. Mulvey J. The Importance of LTC Insurance for the Retirement Security of the Baby Boomers [J]. Benefits Quarterly, 2005, 21 (4): 50.

43. Nielsen M. , Blenkner M. , Bloom M. , Downs T. , Beggs H. Older persons After

Hospitalization: A Controlled Study of Home Aide Service [J]. American Journal of Public Health, 1972, 62 (8): 1094-1101.

44. OECD. Long-term Care for Older People [R]. Paris: Organization for Economic Co-operation and Development, 2005.

45. Aggleton P. Health [M]. London: Routledge, 1990.

46. Pacolet J. Social Protection for Dependency in Old Age: A Study of the Fifteen EU Member States and Norway [M]. Aldershot: Ashgate, 2000.

47. Picone G. , Wilson, R. Medicare Home Health Agency Utilization, 1984—1994 [J]. Inquiry, 1999, (3): 291-303.

48. Pifer Alan, Lydia Bronte. Introduction: Squaring the Pyramid [G] // Alan Pifer, Lydia Bronte, et.. Our Aging Society: Paradox and Promise [G]. New York: W. W. Norton, 1986.

49. Ruan D. , Freeman L. C. , Dai X. , Pan Y. , Zhang W. , On the Changing Structure of Social Networks in Urban China [J]. Social Networks, 1997, (19): 75-89.

50. Russell W. , Booth B. , Reed D. Personality, Social Networks and Perceived Social Support Among Alcoholics: A Structural Equation Analysis [J]. Journal of Personality, 1997, (09): 659-690.

51. Sarason B. R. , Sarason, I. G. , Pierce, G. R. Traditional Views of Social Support and Their Impact on Assessment [A] //Sarason, B. R. , Sarason, I. G. , and Pierce, G. R. (Eds.): Social Support: An Interactional View [C]. New York: Wiley. 1990: 9-25.

52. Sherry Anne Chapman, et al. Client-Centered, Community-based Care for Frail Seniors [J]. Health and Social Care in the Community, 2002 (3): 253-261.

53. SmithCM, Maurer FA. Community Health Nursing Theory and Practice [M]. WB Saunders Co, 2000.

54. Tennstedt. L. , MeKinlay J. B. & Lisa M. Informal Care for Frail Elders: The Role of Secondary Care Givers [J]. The Gerontologist, 1989 (29): 677-684.

55. Tsutsui T. , Muramatsu N. Care-Needs Certification in the Long-Term Care Insurance System of Japan [J]. American Geriatrics Society, 2005 (53): 522-527.

56. Van derPoel, M. G. M. Delineating Personal Support Networks [J]. Social Networks, 1993 (15): 49-70.

57. Vaux A. Social Support: Theory, Research, and Intervention [M]. New York: Pager. 1988.

58. Walker A. Combating Age Barriers in Employment—European Research Report [R]. Luxembourg, Office of Official Publications of the European Communities, 1997: 196.

59. Walker A. Age and Attitudes. Main Results from Eurobarometer Survey [R]. Brussels: Commission of the European Communities, 1993.

60. Wellman H. Social Networks and Social Support [A]. Cohen S, Syme SL, editors. Social Support and Health [C]. Orlando: Academic Press, 1985.

中文参考文献

1. 阿马蒂亚·森．任赜，于真译．以自由看待发展［M］．北京：中国人民大学出版社，2002.

2. 《当代中国》编委会．当代中国的民政（下）［Z］．北京：当代中国出版社，1994（6）．

3. 2013 中国老年人口将突破两亿劳动年龄人口负增长［EB/OL］．北京晚报，2013-02-27［2015-01-8］．http://www.zj.xinhuanet.com/newscenter/InAndAbroad/2013-02/27/c_114824039.htm.

4. 24 部门联合发文要求加强老年人优待工作［EB/OL］．人民网，2013-12-31［2015-01-16］．http://politics.people.com.cn/n/2013/1231/c70731-23990148.html.

5. S 市民办养老机构成为养老重要载体［EB/OL］．人民网，2009-12-10. http://unn.people.com.cn/GB/22220/142927/144722/10556745.html.

6. S 市人口老龄化问题日益加剧［EB/OL］．S 市统计信息网，2010-9-16［2011-11-10］．http://www.qqhrstats.gov.cn/typenews.asp? id=614.

7. S 市养老服务业综合改革试点（草案），2013.

8. 北京户籍人口老龄化远超全国均值［EB/OL］．财新网，2012-10-24［2015-01-22］．http://china.caixin.com/2012-10-24/100451601.html.

9. 《关于在社会力量兴办养老服务机构中征集接受建设资金支持试点单位的通告》（京民福发〔2011〕506 号）［EB/OL］．北京市人民网，2011-12-05［2013-11-12］．http://www.beijing.gov.cn/zfxxgk/110002/gzdt53/2011-12/07/content_285906.shtml

10. 边燕杰，李煜．中国城市家庭的社会网络资本［J］．清华社会学评论，2001（02）：1-18.

11. 曹子玮．农民工的再建构社会网与网内资源流向［J］．社会学研究，2003（03）：99-110.

12. 曾薔霓．以家庭为中心的就地照护政策成本：长期照护费用动态推估之研究［D］．台湾中正大学博士论文，2003：46.

13. 曾竹宁．失能老人社区照顾服务网络建构之研究［D］．台湾东海大学社会工作学系博士论文，2001：44.

14. 常红．中国将面临重度老龄化速度是发达国家的 2 倍［EB/OL］．人民网，

2012-10-23［2012-10-24］. http://society. people. com. cn/n/2012/1023/c1008-19353347. html.

15.《关于扶持养老福利机构发展的实施意见》（长政发〔2012〕4号）［EB/OL］. 长沙市人民政府网，2012-02-07［2013-11-14］. http://www. changsha. gov. cn/xxgk/gfxwj/srmzf/201202/t20120220_309618. html

16. 陈成文，潘泽泉. 论社会支持的社会学意义［J］. 湖南师范大学社会科学学报，2000（06）：25-31.

17. 陈红. 人口老龄化与社会可持续发展［A］. 全国老龄工作委员会办公室. 中国人口老龄化研究论文集［C］. 北京：华龄出版社，2010：282.

18. 陈建中. 卫生保健［M］. 南京：东南大学出版社，2006，118.

19. 陈英姿，满海霞. 中国养老公共服务供给研究［J］. 人口学刊，2013（1）：22-26.

20. 陈永杰，卢施羽. 中国养老服务的挑战与选择［M］. 广州：中山大学出版社，2013.

21. 戴卫东. 老年长期护理需求及其影响因素分析——基于苏皖两省调查的比较研究［J］. 人口研究，2011（04）：85-92.

22. 戴卫东. 国外长期护理保险制度：分析、评价及启示［J］. 人口与发展. 2011（05）：80-86.

23. 邓伟志，李一. 中国社区建设的实践与探索［M］. 杭州：浙江教育出版社，2009：91.

24. 邓颖，吴先萍等. 不同养老模式的养老成本及成本—效用分析［J］. 预防医学情报杂志，2004（04）：373-376.

25. 董红亚. 我国社会养老服务体系的解析和重构［J］. 社会科学，2012（03）：68-75.

26. 杜鹏. 成功老龄化研究——以北京老年人为例［J］. 人口研究，2003（03）：4-11.

27. 段成荣，吕利丹，邹湘江. 当前我国流动人口面临的主要问题和对策——基于2010年第六次全国人口普查数据的分析［J］. 人口研究，2013（02）：17-24.

28. 傅莎莎. 北京进入中度老龄化社会，将研究十点养老护理保险［N］. 新京报，2010-11-20.

29. 该刊专题研究小组，积极老龄化：从战略到行动［J］. 科技智囊，2011（10）：8-20+22.

30. 高星，吴玉韶. 中国公办养老院占多数，高端养老机构可民办［EB/OL］. 人民网，2010-09-21［2013-04-25］. http://politics. people. com. cn/GB/1026/12788241. html.

31. 戈丽娜. 民办养老机构的“三重门”［J］. 瞭望新闻周刊，2012（49）：

37-40.

32. 顾大男，陶勃．实现中国健康老龄社会的理论和实践问题［J］．南京人口管理干部学院学报，2000（04）：6-11.

33. 桂世勋．上海城市社区养老服务资源整合研究［J］．华东师范大学学报（哲学社会科学版），2004（01）：71-78+123-124.

34.《关于支持社会力量发展养老服务业的政策措施》的通知（黔府办发〔2015〕5号）［EB/OL］．贵州省人民政府网站，2015-02-11［2015-03-05］．http://www. guizhou. gov. cn/zwgk/zcfg/szfwj _ 8191/qfbf _ 8196/201709/t20170925 _ 823858. html

35. 韩银娥．从马斯洛的需求层次理论看和谐社会的构建［J］．新东方，2007（02）：15-18.

36. 贺寨平．社会网络与生存状态：农村老年人社会支持网研究［M］．北京：中国社会科学出版社，2004.

37. 洪小良．城市贫困家庭的社会关系网络与社会支持［M］．北京：中国人民大学出版社，2008.

38. 洪小良，尹志刚．城市贫困家庭的社会关系网络研究［J］．北京行政学院学报，2005（03）：38-43.

39. 黄成礼．中国老年人口的健康负担及家庭照料［J］．中国卫生资源，2006（05）：8-10.

40. 黄润龙．长寿的代价——人口老龄化对经济发展的影响分析［M］．北京：社会科学文献出版社，2011：24.

41. 黄源协．社区照顾——台湾与英国经验的检视［M］．台北：杨智文化事业股份有限公司，2000.

42. 姜小鱼．中国养老咨询养老机构因何老无所医［EB/OL］．中国经营网，2014-10-16［2014-12-15］．http://www. cb. com. cn/index. php? m = content&c = index&a = show&catid = 20&id = 1088987&all.

43. 珂莱尔·婉格尔，刘精明．北京老年人社会支持网调查——兼与英国利物浦老年社会支持网对比，社会学研究［J］．1998（02）：56-66.

44. 黎熙元．公共福利制度与社会网的功能互补——包容性社会政策的基础［J］．中山大学学报：社会科学版，2007（06）：53-58.

45. 李芳．老年人精神需求及其社会支持网的构建［J］．学术交流，2012（08）：116-119.

46. 李虹．老龄问题研究［M］．沈阳出版社，2008：4-11.

47. 李强．社会支持与个体心理健康［J］．天津社会科学，1998（01）：67-70.

48. 李绍先，黄鸣，易国胜．武汉市部分老年长期照护需求研究［J］．中国医院管理，1998（02）：24-26.

49. 李颖奕. 居家养老服务使用观念与行为及社会工作的介入空间——基于广州市D区的研究 [J]. 中南民族大学学报: 人文社会科学版, 2010 (03): 109-112.

50. 理查德·A. 波斯纳. 衰老与老龄 [M]. 北京: 中国政法大学出版社, 2002: 32.

51. 林红. 民办养老机构的发展需要政府的扶持及规范 [J]. 当代经理人, 2006 (21): 697.

52. 林聚任. 社会网分析: 理论、方法与应用 [M]. 北京: 北京师范大学出版社, 2009.

53. 林艳, 党俊武, 裴晓梅, 宋岳涛. 为什么要在中国构建长期照护服务体系 [J]. 人口与发展, 2009 (04): 52-64.

54. 林艳. 构建中国老年人长期照料体系 [D]. 中国人民大学博士论文, 2007: 50-55.

55. 刘海燕, 刘宁. 当今社会人口老龄化对社会经济的影响 [J]. 理论观察, 2012 (03): 25-26.

56. 刘军. 法村社会支持网络 [M]. 北京: 社会科学文献出版社, 2006.

57. 娄方丽, 尚少梅, 金晓燕. 居家养老与长期照护、家庭照护之概念辨析 [J]. 护士进修杂志, 2013 (05): 463-466.

58. 罗布巴戈特. 解析医疗卫生政策 [M]. 赵万里, 等译. 上海: 上海人民出版社, 2011: 4.

59. 罗观翠, 王军芳. 政府购买的香港经验和内地发展探讨 [J]. 学习与实践, 2008 (09): 125-130.

60. 罗家德. 社会网分析讲义 [M]. 北京: 社会科学文献出版社, 2010: 5.

61. 罗佩思. 影响老人使用居家服务相关因素之研究——以高雄县为对象 [D]. 台湾东海大学社会工作学系硕士论文, 2004.

62. 吕宝静. 老人照护: 老人、家庭、正式服务 [M]. 台北: 五南, 2001.

63. 马春华等. 中国城市家庭变化的趋势和最新发现 [J]. 社会学研究, 2011 (02), 183-216.

64. 马斯洛等. 人的动机理论 (上) [J]. 经济管理, 1981 (12).

65. 民办养老机构成为养老重要载体 [EB/OL.]. S市新闻网, 2009-12-10 [2012-12-19]. http: //qiqihar. dbw. cn/system/2009/12/10/052258050. shtml.

66. 倪赤丹. 社会支持理论社会工作研究的新 "范式" [J]. 广东工业大学学报, 2013 (03): 2-13.

67. 欧洲社会宪章 [EB/OL]. 中国人权网, http: //www. humanrights-china. org/.

68. 潘允康, 阮丹青. 中国城市家庭网 [J]. 浙江学刊, 1995 (03): 66-71.

69. 裴晓梅. 老年型城市长期照护服务的发展及问题 [J]. 上海城市管理职业

技术学院学报，2004（06）：52-54.

70. 丘海雄，陈健民，任焰．社会支持结构的转变：从一元到多元［J］．社会学研究，1998（04）：31-37.

71. 全国老龄办．全国民办养老服务机构基本状况调查报告［R］．2009.

72. 阮曾媛琪．中国的社会支持网络在加强社会整合中的角色——北京一个街道的中国在职母亲的个案［J］．中华女子学院学报，1999（01）：49-52.

73. 上海将出台养老产业新政策补贴力度居全国之首［EB/OL］．证券网，2012-09-14［2013-11-16］．http://www.capitalweek.com.cn/2012-09-14/1636003468.html

74. 上海市老龄化状况最严重［EB/OL］．中国网，2014-05-14［2015-01-22］．http://www.yinhang.com/a_2014_0514_220716.html.

75. 施巍巍．发达国家老年人长期照护制度研究［M］．北京：知识产权出版社，2012.

76. 施巍巍．国内外老年人长期照护制度研究综述［J］．哈尔滨工业大学学报（社会科学版），2009（04）：48-53.

77. 施巍巍．人口老龄化的经济社会对策研究［J］．中共中央党校学报，2012（06）：81-84.

78. 施巍巍，罗新录，唐德龙．福利经济学视角下老年人养老方式的选择决策及影响因素分析［J］．学习与探索，2015（02）：40-46.

79. 施巍巍，苗绘．欠发达城市养老服务问题研究［J］．老龄科学研究，2014（08）：34-43.

80. 施巍巍，唐德龙．欠发达地区破解养老服务之困的路径选择与创新［J］．中国行政管理，2015（04）：94-98.

81. 时蓉华．老年心理保健必读［M］．上海：上海科学技术文献出版社，1996：8.

82. 苏景辉．社区工作：理论与实践［M］．台湾巨流图书公司，1997：144.

83. 孙彦峰，丛梅．天津市“老年社会网”研究［J］．社会学研究，1993（5）：65-71.

84. 唐钧，朱耀垠，任振兴．城市贫困家庭的社会保障和社会支持网络——上海市个案研究［J］．社会学研究，1999（05）：105-118.

85. 田成诗，曾宪宝．基于“六普”数据的中国省际人口流动规律分析［J］．西北人口，2013（01）：1-4+10.

86. 仝利民．老年社会工作［M］．武汉：华东理工大学出版社，2006：106-107.

87. 完全失能老人超千万，我国凸显“长寿不健康”现象［EB/OL］．新华网，2011-11-27．http://news.xinhuanet.com/society/2011-11/27/c_111197879.htm.

88. 王东亮．《中国民生发展报告2012》：“空巢”家庭占比升至13.2%［EB/OL］．金融界，2012-8-6［2012-11-14］．http://finance.jrj.com.cn/2012/08/

06133114028885. shtml.

89. 王金芳. 健康老龄化的科学内涵［EB/OL］. 2007-10-13［2013-10-15］.

90. 王静. 北京社会化居家养老问题与对策研究［J］. 人口与经济，2012（03）：65-69.

91. 王学义. 健康老龄化：人口老龄的对策［J］. 西南民族学院学报（人文社科版），2002（12）：131-135.

92. 王延中. 中国老年保障体系研究［M］. 北京：经济管理出版社，2014.

93. 卫敏丽，朱薇. 我国农村人口老龄化程度高于城市达到 15.4%［EB/OL］. 新华网，2011-9-19［2012-11-13］. http：//news. xinhuanet. com/society/2011-09/19/c_ 122056867. htm.

94. 我国阿尔茨海默病患者近千万，需建立更完善的长期照护体系［EB/OL］. 新华网，2013-09-29［2016-01-03］. http：//news. xinhuanet. com/2013-09/29/c_ 117563641. htm.

95. 邬沧萍. 长期照料护理是老龄产业重中之重［J］. 人口研究，2001（02）：22-26.

96. 邬沧萍. 社会老年学［M］. 中国人民大学出版社，1999：88.

97. 吴敏. 基于需求与供给视角的机构养老服务发展现状研究［M］. 北京：经济科学出版社，2011.

98. 吴宁远. 老年人之家庭支持研究：以高雄为例［C］. 台湾地区高龄化社会发展学术研讨会，1995.

99. 吴玉韶. 中国老龄事业发展报告（2013）［M］. 北京：社会科学文献出版社，2013.

100. 伍小兰. 中国农村老年人口照料现状分析［J］. 人口学刊，2009（06）：35-40.

101. 肖鸿. 试析当代社会网研究的若干进展［J］. 社会学研究，1999（03）：1-11.

102. 谢联辉，宋玉华. 全球行动，迎接人口老龄化，联合国老龄问题文件总汇［M］. 北京：华龄出版社，1988：4.

103. 谢美娥. 老人长期照护相关论题［M］. 台北：桂冠图书股份有限公司，1993.

104. 熊波. 老年人长期照料模式与决策——以个人资本为视角［D］. 华中科技大学博士论文，2011.

105. 徐澄. 偷走记忆的五个贼（细心呵护）［N］. 生命时报，2013-07-09，07 版.

106. 徐勤. 我国老年人口的正式与非正式社会支持［J］. 人口研究，1995（05）：23-27.

107. 阎坤. 中国养老保障制度研究［M］. 北京：中国社会科学出版社，2000：22.

108. 杨善华，侯红蕊．血缘、姻缘、亲情与利益——现阶段中国农村社会中“差序格局”的“理性化”趋势［J］．宁夏社会科学，1999（06）：51-58.

109. 杨团．从鹤童研究认识中国非营利机构［EB/OL］．中国社会组织网，2003-08-28［2013-11-10］．http：//www.chinanpo.gov.cn/1835/15743/nextindex.html.

110. 尹尚菁，杜鹏．老年人长期照护需求现状及趋势研究［J］．人口学刊，2012（02）：49-56.

111. 于学军．中国人口革命对经济发展的影响研究［A］// 张维庆．中国人口学会年会论文集［C］．中国人口出版社，2010.

112. 原新．我国人口老龄化面临的形势与问题［J］．理论视野，2007（09）：14-16.

113. 翟德华，陶立群．居家养老和机构养老选择决策模型理论研究［A］// 中国老龄科学研究中心，2004 年度优秀论文集［C］．2004.

114. 张东伟．人口老龄化的经济后果及其战略对策［A］//全国老龄工作委员会办公室．中国人口老龄化研究论文集［C］．华龄出版社，2010：292.

115. 张风，李宗华．关于老年人社会支持研究的综述［J］．山东省农业管理干部学院学报，2011（04）：68-71.

116. 张国平．农村老年人居家养老服务的需求及其影响因素分析——基于江苏省的社会调查［J］．人口与发展，2014（02）：68-71.

117. 张洪森等．政校合作背景下的“文化养老”的实现［J］．黑龙江生态工程职业学院学报，2011（05）：52+119.

118. 张俊良，曾祥旭．市场化与协同化目标约束下的养老模式创新——以市场人口学为分析视角［J］．人口学刊，2010（03）：48-53.

119. 张恺悌，孙陆军，牟新渝，王海涛，李明镇．全国城乡失能老年人状况研究［J］．残疾人研究，2011（02）：11-16.

120. 张克云，叶敬忠．留守儿童社会支持网络的特征分析——基于四川省青神县一个村庄的观察［J］．中国青年研究，2010（02）：55-59.

121. 张明妍，王大华，Mick Power，Ken Laidlaw．老年人重要社会支持的特点及其与老化态度的关系［J］．心理科学，2011（02）：441-446.

122. 张遒英，王辰尧．我国政府购买机构养老服务的政策分析［J］．经济体制改革，2012（03）：21-25.

123. 张文宏，阮丹青，潘允康．天津农村居民的社会网［J］．社会学研究，1999（02）：108-118.

124. 张文宏．中国城市的阶层结构与社会网络［M］．上海：上海人民出版社，2006.

125. 张文霞，朱东亮．家庭社会工作［M］．北京：社会科学文献出版社，